JN105927

ジャンルとしての
工学英語
—理論と実践—

石川 有香 編著

大学教育出版

は じ め に

　近年、さまざまな学問分野で、英語での発信の必要性が高まっている。とくに、世界の研究者が共通の土俵で競いあっている工学の分野では、学部生・大学院生であっても、研究報告や論文を英語で書く能力の修得が期待されている。

　もっとも、日本の工学専攻学生にとって、いきなり英語のフルペーパーを執筆するのはハードルが高い。最初のステップになるのは、日本語論文に英語のアブストラクト（要旨）をつけることであろう。学術誌などでは、アブストラクトだけが公開されることも多く、良いアブストラクトを書くというのは、若い工学者が世界に出ていく上で、最初に超えるべき関門である。

　アブストラクトは、分量が少ないため、一見、取り組みやすく見える。しかし、アブストラクトは、決して、ただの英作文ではない。限られた分量の中で、論文の内容をうまく整理して、世界の読者にわかりやすく伝えるには、無手勝流ではなく、分野の作法に則ることが必須である。この意味において、良いアブストラクトを書くには、「特定目的のための英語」（English for Specific Purposes：ESP）の1種である「工学英語」の在り方をしっかりわきまえておく必要が生じる。

　編者は、2019年度より科学研究費補助金を得て、「工学系日本人大学院生の博士論文英語化推進ツールEJETの開発」プロジェクトを推進している。このプロジェクトは、「工学英語」の内実を検証し、その言語学的特性を抽出して、日本人工学学生向けの英語指導につなげることを目的としている。最終的には、研究で得られた知見をベースとして、工学分野の英語アブストラクトおよび英語論文の執筆支援ツールの開発を行う予定である。

　研究プロジェクトでは、編者と7名の共同研究者が、それぞれの学問的背景を生かして、この問題に多面的にアプローチしてきた。2021年3月には、プロジェクトメンバーと、招聘研究者によるシンポジウム「ジャンルとしての工

学英語―理論と実践―」を開催した。本書は、このシンポジウムでの発表論文がもとになっている。

　本書は3部構成となっており、第1部の「工学英語論文要旨の言語学的分析」では、工学英語論文のアブストラクトの言語特徴を明らかにしている。第2部の「工学英語の言語学的分析」では、研究プロジェクトの目的に沿って、工学英語とは何か、工学英語の提示はどのように行うべきかという課題を取り扱っている。第3部の「工学英語の指導実践」では、「読む」「聞く」「書く」の3つの観点から、工学系大学の学部生及び大学院生を対象に行われた実践報告を記載している。

　本書の刊行が、今後の ESP 研究、特に工学英語研究とその実践に資することとなれば幸いである。

編著者　石川　有香

ジャンルとしての工学英語
― 理論と実践 ―

目　次

第2部　工学英語の言語学的分析

第3部　工学英語の指導実践

第1部

工学英語論文要旨の言語学的分析

第 1 章

工学系修士論文英文要旨の言語特徴
— 国際誌との比較 —

石川　有香　（名古屋工業大学）

ishikawa.yuka@nitech.ac.jp

A Comparative Study of the Vocabularies in Engineering Abstracts Written by Professional Researchers and Japanese Graduate Students

Abstract

As global competition becomes increasingly fierce, engineering colleges and polytechnics in Japan are placing greater emphasis on writing research papers in English. Graduate students are also often required to write their thesis abstracts in English. Aiming to develop teaching materials for writing, this study compares the vocabulary use in the abstracts written by graduate students with that by professional researchers, and aims to identify the overuse and underuse of words and expressions using the Log-Likelihood Ratio Test. The results show that Japanese graduate students overuse the function words "it" and "that," the singular first personal pronoun, the present "be" verb, and discourse markers such as "method" and "result." They tend to use some fixed expressions such as "it is found that" or "there is" more frequently, and they tend to make less use of some grammatical items, such as the non-restrictive relative pronoun "which." Grammatical items or expressions used frequently by professional researchers but avoided by students will be included in the new teaching materials.

1.　は じ め に

　大学の国際化が強く求められる中、研究者の英語論文執筆を推進するだけではなく、大学院生が和文で執筆した修士論文においても、英文要旨を義務化する大学が増えてきている。例えば、関西地方の国立大学の工学系大学院では、修士論文本文の執筆言語が和文であっても英文であっても、英文要旨（500語程度）の提出を求めているものもある。これまでにも、国際競争が激しい工学研究分野では、多くの研究者は、学術誌・学会誌の掲載論文を英語で執筆してきたが、その一方で、工学系大学の学位論文には、英語での執筆を求めることは少なく、大学院生の英語使用に、ある意味で、ブレーキがかけられていたと言える。修士論文の英文要旨の義務化の流れは、大学での研究成果を広く世界に発信する役割を果たすと同時に、大学院生の英語使用に対する意識を高めて、博士論文の英語化や、学術誌への英語論文投稿にもつながる教育活動になり得ると期待がかかる。

　とはいえ、工業系大学においては、多くの場合、時間的な制限もあり、英語論文や英文要旨の執筆方法の習得を目的に据えた学部英語教育カリキュラムや大学院英語科目設定が十分には行えていない。大学院生は、研究室において、専門教育の合間に、上級生や指導教員から英文要旨の執筆方法を学ぶか、関連書籍や資料集から個別に情報を収集しているのが現状である。工学系大学においては、学部上級生および大学院生を対象とした、英文要旨作成のための英語教材や指導法の開発が急務となっている。

　教材・指導法を開発するにあたっては、学習者の現状を把握する必要があることは言うまでもない。本研究の目的は、工学系の5分野を専攻する大学院生

が作成した英文要旨を分析し、学術論文誌に掲載された英文要旨と比較することで、大学院生による工学系英文要旨の言語特徴を明らかにすると同時に、大学院生は、どこまで、英文要旨作成能力を身につけているのか、また、何が不足しているのかを明らかにし、今後の教材開発及び指導法開発に役立てることである。

2. 先 行 研 究

大学院生を対象とした英文要旨（abstract）のライティング指導研究やテキスト分析はこれまでも数多く行われてきた（Day, 1995; Glasman-Deal, 2009; Huckin, 2006; Swales & Feak, 1994; Weissberg & Bucker, 1990 他）。要旨は、研究者間でのコミュニケーションにおいて使用されるひとつのジャンルとして、すでに広く認識されている（Bhatia, 2013; Swales, 1990）。Menezes (2013) は、要旨が、EAP (English for Academic Purposes) の中で、最も広く使用されるテキストタイプのひとつであるとして、要旨を対象とした研究の重要性を主張している。ここではまず、本研究で取り上げる要旨の種類と役割を特定し、それらのテキスト特徴に言及した先行研究を概観する。

2.1　要旨（abstract）の種類

要旨の作成においては、1) すでに当該論文が完成しており、それをもとに作成される場合と、2) 論文本文がまだ作成されておらず、要旨のみが先に書かれる場合がある。後者としては、例えば、研究発表の申し込み用の要旨が挙げられよう。申込要旨の場合には、まだ主要な研究結果がすべて得られていない場合もある。その場合には、どのような研究であるかを示す、研究概要が記述されることになる。Menezes (2013) は、学会研究発表の要旨を分析し、前者のタイプの要旨の分析を行った先行研究とは異なる分析結果を提示している。さらに、前者では、1-A) 論文の本文を執筆した著者によって書かれる場合と、1-B) 学術誌の紹介のための論文抄録や学会のニューズレターのように、論文の著者とは異なる書き手によって執筆される場合に分類できる（Swales

図1-1　執筆者・執筆時期を基準とした要旨の分類

& Feak, 1994)。また、エディターが加筆修正を行っている学術誌はこれらの中間とも考えられる。

　本研究では、1-A）の、論文著者自身が、論文執筆の後または同時期に作成する要旨に焦点をあてる。次節で見るように、要旨の主な役割は、読者に論文の要点を短く正確に伝えることにある。学位論文や学術誌への投稿論文の場合には、読者に論文審査員も含まれるため、それぞれの要旨は、より厳密に、期待されたテキスト形式に沿って書かれていることが予想される。

2.2　要旨（abstract）の役割

Huckin（2006）は、要旨には、主に、下記のような特徴があるとする。

① 論文本文の研究テーマ、方法、結果を簡潔に要約した内容だが、独立したテキストとなっている。

② 読者が論文本文を読むかどうかを決めるための選別基準となっている。

③ 論文本文を読む場合には、内容理解のための予備的情報提示となっている。

　その他、索引作成や論文審査などに使用されることも指摘されている（Swales & Feak, 1994）が、Huckin（2006）の主張は概ね受け入れられてきた。とりわけ、オンライン・ジャーナルを含め、毎年、夥しい数の論文が出版されている現在、研究者は、必要な情報が含まれた「読むべき論文」を素早く探し出す作業を行わなければならない状況にある。そのため、要旨は、当該論文を読むかどうかを判断する重要な選別基準となっている。さらに、要旨から、当該論文には「読む」価値があると判断した場合にも、読者は、限られた時間の中で、必要な情報だけを探し読みしようとする場合が多い。そうした場

面においても、要旨は理解補助として機能している。言い換えれば、論文本体を素早く流し読みをしても、さらには、論文本体を一切読まなくても、要旨には、研究のテーマ、手法、結果などの必要情報が正確に示されており、要旨さえ読めば重要な要点が分かるようになっていることが期待されていると言えるだろう。

2.3　要旨（abstract）の構成

Bhatia（2013）は、要旨は、本論の情報を、短く、正確に伝えるものであるとし、

1. 研究者が何を行ったか
2. 研究者がそれをどのように行ったか
3. 研究者が何を見つけたか
4. 研究者が何と結論づけたか

の4つの情報が含まれていると言う（pp.77-79）。これらの情報が実際にどのように要旨に組み込まれているのかを見てみると、通例、上記に対応する4種類の「内容のまとまり（Move）」で要旨は構成されていることが分かるとされる。それらは、下に示す内容となる。

① 　研究の目的または課題
② 　研究方法または研究デザイン
③ 　結果の概要
④ 　考察または結論

それぞれの Move における時制や態などの言語の特徴にはふれられていないが、サンプルとして提示された要旨では、①と④が現在形、②と③が過去形で示されている。

Weissberg and Buker（1990）は、Bhatia（2013）が提示した4つの Move に対して、「導入部分」または「背景（Background）」を加えて、要旨に見られる Move を「背景」「目的」「方法」「結果」「結論」の5つに整理している（p.185）。サンプル要旨を見てみると、「背景」と「結論」が現在形、その他の「目的」「方法」「結果」は過去形で書かれていて、「背景」と「目的」は異なる

性質の情報であることが分かる。Santos（1996）も、94本の要旨を分析し、応用言語学分野では、「背景」「目的」「方法」「結果」「考察」の5つのMoveが見られたとする。

　一方、San and Tan（2012）は、医学分野の要旨はしばしば「目的」を欠いていること（Huckin, 2006）や、生化学と微生物学の要旨では、特定のMoveの使用数が大きく異なることなどから、こうした基本的なMoveのパターンには、実際にはバリエーションがあることを指摘している。たとえば、Swales and Feak（1994）は、要旨を、その構成から2つに大別している。1つは、結果と結論に重点を置いた、「結果駆動型（result-driven）」の要旨である。この場合のサンプルを見ると、Moveは方法・結果・結論の3つになっている。もう1つは、論文にも含まれている研究目的・方法・結果・結論の4つのMoveを組み込んだ「論文概要型（summary）」の要旨とされる。言語的特徴に関しては、前者の結果駆動型要旨のサンプルでは、方法・結果が過去形、結論が現在形で提示されているが、後者の論文概要型要旨では、目的・方法・結論が現在形、結果のみが過去形を使用している。時制を含め、英文要旨の言語特徴に関する先行研究については、次節でさらに調査を行う。

2.4　要旨（abstract）の言語特徴

要旨の言語特徴について、Graetz（1985）は次のように述べている。

　The abstract is characterized by the use of past tense, third person, passive, and the non-use of negatives. It avoids subordinate clauses, uses phrases instead of clauses, words instead of phrases. It avoids abbreviation, jargon, symbols and other language shortcuts which might lead to confusion. It is written in tightly worded sentences, which avoid repetition, meaningless expressions, superlatives, adjectives, illustrations, preliminaries, descriptive details, examples, footnotes. In short it eliminates the redundancy which the skilled reader counts on finding in written language and which usually facilitates comprehension.

(p.23)

ここでは、要旨の特徴として、主に下記の要素が挙げられていると言える。

① 過去形を使用している

② 3人称を使用している

③ 受動態を使用している

④ 否定形を使用しない

⑤ 従属節の使用を避け、代わりに句を使用している

⑥ 句の代わりに語を使用している

⑦ 略語、専門用語、記号など、分かりにくい表現を避けている

　一方、Swales and Feak（1994）は、時制について、「結論」部分では大方の場合において、現在形が使用されていること、また、「導入」部分においても、しばしば現在形または現在完了形が使用されていることを指摘している。さらに、物理系や化学系など、分野によっては、「結果」部分においても、現在形を使用する傾向があること、さらには、主観的な立場を表明する傾向があることを指摘し、Graetz（1985）の反証として挙げている。

　書き手の習熟度や専門分野は、英文要旨の言語特徴にどのような影響を与えているのだろうか。大学院生または大学生と研究者の書いた要旨では、語彙使用にどのような違いが見られるのだろうか。また、化学系や物理系など分野の違いによる差は、どのようなものであろうか。先行研究を見ておく。

2.4.1　大学生等による要旨（abstract）の言語特徴

　San and Tan（2012）は、上記のSantos（1996）の5つのMoveの枠組みを使用して、情報工学分野のマレーシア人大学生によって書かれた学部の最終レポートの要旨30本を分析し、同分野でImpact Factor値が高く、評価の高い専門誌に掲載された論文の要旨30本と比較している。その結果、同分野において、熟達者と考えられる研究者と初心者と思われる学生では、Moveの使用が異なることを明らかにしている。具体的には、「目的」は、ほぼすべての

研究者が用いているが、学生の使用は 80％以下にとどまっていること、「結果」は研究者の 60％以上が使用しているが学生は 30％程度にとどまること、一方で、「方法」と「結論」については、学生の使用の方が高くなっていることが報告されている。

　また、調査結果からは、総語数が少ない場合でも、研究者は多くの Move を使用する傾向にあること、学生は、3 つの Move を使用している場合が最も多く、その傾向は語数が増えても変わらないことが読み取れる。従って、学生は、論文本文の中から主要な情報を簡潔に抽出して、要旨に適したテキストを構成する、という作業がうまくできていない可能性がある。むしろ、特定の Move において、余分な情報を詰め込んでしまっている可能性があると考えられる。

　しかし、San and Tan（2012）では、使用している Move の使用の比較だけが行われており、時制や態、代名詞などの言語特徴については調査はなされていない。また、2 つのグループの平均的な要旨の長さに大きな差があるために、使用された Move 数のみが比較されることには問題が残されていると言えよう。

2.4.2　研究者による要旨（abstract）の言語特徴

　Apple（2014）は、著名な工学分野の化学系、電子情報系、機械系の学術誌に掲載された英文要旨 139 本の語彙分析を行っている。対象となった学術誌は、Institute of Electrical and Electronics Engineers（IEEE）の学会プロシーディングスであり、化学系英文要旨 40 本（C）、電子情報系英文要旨 50 本（EI）、機械系英文要旨 49 本（M）を分析対象としている。Laurence Anthony 氏による AntWord Profiler を用いて、British National Corpus（BNC）の語彙レベル別のカバー率を調査したところ、化学系の C は、高頻度 2,000 語のカバー率が 73.3％に留まったが、電子情報系の EI では、82.3％をカバーしていたと言う。BNC の 12,000 語レベルまでのカバー率についても、C では、90.6％に留まる一方で、EI では、95.5％のカバー率となっているとされる。また、"this paper" など、英文要旨で頻繁に使用される表現に注目して、

特定の語彙を使用している要旨を調査したところ、例えば、paper の場合では、電子情報系 EI では 68%が、また、機械系 M では 71%が paper を含んでいた一方で、化学系 C は 12.5%に留まっており、違いが見られたと言う。

　Apple（2014）の結果からは、同じ工学領域の英文要旨であっても、分野によっては、一般コーパスでの使用頻度が低い専門用語がより多く使用されている場合があることや、他の分野とは異なるスタイルで要旨が書かれている可能性があることが示唆されたと言えよう。

3.　リサーチデザイン

3.1　研究目的と RQ

　本研究では、いわば、工学英語論文執筆の初心者と考えられる、工学系大学の大学院生によって書かれた英文要旨（AbS）と、工学英語論文執筆熟達者となる、評価の高い学術雑誌に論文が記載された研究者の英文要旨（AbR）を比較し分析する。初心者と熟達者の語彙使用に違いはあるのか、あるとすればそれぞれどのような特徴が見られるのか。特に、どの分野でも使用されている高頻度語彙の使用について、習熟度による影響はどの程度見られるのか、また、研究分野による影響はどの程度見られるのか。それぞれのグループの語彙使用を比較しながら探っていく。

　下記の RQ を設定する。
①　大学院生の要旨に特徴的な語彙には、どのようなものがあるか。
②　研究者の要旨に特徴的な語彙には、どのようなものがあるか。
③　書き手や分野は、高頻度語彙の使用にどのような影響を与えているか。

3.2　データ

3.2.1　大学院生によって書かれた要旨データ（AbS）

　関西地方の国立工学系大学の大学院において、2017 年度に受理され、機関リポジトリーにおいて公開されている修士論文英文要旨 50 本を分析の対象とする。まず、「化学系」「材料系」「機械物理系」「情報系」「建築系」の 5 分野

を専攻する日本人学生を対象とし、それぞれの分野で10本ずつの英文要旨を
ランダムに収集した。なお、著者が日本人学生であることは、名前で判断し
ており、英語習熟度や留学経験などは考慮していない。また、当該大学の修
士論文提出規定には、要旨の語数についての制限事項は見られなかった。い
くつかの語彙や文法のエラーが見られたが、修正は行わず、そのままデータ
として用いている。ただし明らかなスペルミスは修正した。なお、分析には、
Laurence Anthony 氏が開発した AntConc 3.2.4w（2011）を用いている。

3.2.2　研究者によって書かれた要旨データ（AbR）

　学術誌の選定にあたっては、石川（2016）で使用した学術誌の中から、「化
学系」「材料系」「物理系」「情報系」「建築系」の工学分野の学術誌を1誌ず
つ選んでいる。学術誌はいずれも Impact Factor 値の高いものとなっている。
なお、総合的な学術誌の場合には、それぞれの分野に合った論文を対象とす
ることにした。それぞれの分野から、要旨10本ずつをランダムに抽出してい
る。なお、学術誌の投稿既定の中には、要旨の語数や内容に関する規定が記載
されている場合もある。例えば、化学系分野の学術誌として本稿で使用する
Chemical Engineering Science では、投稿者用のガイドとして、要旨に関す
る下記のような記述がある。

Abstract

A concise and factual abstract is required. The abstract should
state briefly the purpose of the research, the principal results and
major conclusions. An abstract is often presented separately from the
article, so it must be able to stand alone. For this reason, References
should be avoided, but if essential, then cite the author(s) and year(s).
Also, non-standard or uncommon abbreviations should be avoided, but
if essential they must be defined at their first mention in the abstract
itself.

（https://www.elsevier.com/journals/chemical-engineering-science/

00092509/guide-for-authors）

要旨に含めるべき要素として、「目的」「結果」「結論」が挙げられてお
り、独立したテキストとして構成されることが求められている。また、上記
の Graetz（1985）で見たように、略語の取り扱いについても言及がある。な
お、ここでは、長さについては、briefly という副詞のみの記載であるが、具
体的な数字を挙げているものもある。例えば、建築系学術誌の *Journal of
Architectural Engineering* では、語数に関して、150-175 語とする規定が
ある。

Abstract

Write an abstract of 150-175 words for all papers and technical
notes（Fig. 4）. An abstract should not contain jargon, but should
be written in plain language and include a summary of the key
conclusions. It should be written for a general engineering audience
such as recent graduates/beginning graduate students. To be most
useful to the engineering community, the following should be clear:
the purpose of the work, the scope of the effort, the procedures
used to execute the work（if of special interest）, and the major
findings. The abstract must include this information because
abstracts are often used separately for information retrieval and
may be the only part of the paper a reader ever sees. Revised
abstracts are routinely requested from authors before papers are
assigned for review if the abstract is incomplete. Do not include
mathematics or references to other literature in an abstract.

（http://www.cee.nuk.edu.tw/lien/AuthorGuideJournals_ASCE.pdf）

本稿で使用する学術誌は表1-1 の通りである。それぞれ、語数についての
規定を示した箇所を一緒に示す。また、AbS と AbR の延べ語数と語種数は、

表1-1 AbR が記載された学術誌と要旨の語数に関するそれぞれの規定

分野	学術誌	規定語数
化学	*Chemical Engineering Science*	briefly
材料	*Materials Science and Engineering*	no more than 50 words
物理	*Applied Physics Letters*	approximately 250 words
情報	*IEEE Transactions on Neural Networks and Learning Systems*	reasonable length
建築	*Journal of Architectural Engineering*	150–175 words

表1-2 AbS と AbR の延べ語数と語種数

	語数	化学	材料	物理	情報	建築	Total
AbS	延べ語数	1,822	1,870	1,671	1,862	1,870	9,094
	語種数	773	649	560	646	618	2,399
AbR	延べ語数	1,983	2,071	1,391	1,807	1,880	9,132
	語種数	763	690	609	676	717	2,404

表1-2に記す。

3.3 手 法

分析ツールには、主に、上記の AntConc の Word List 機能と Keyword List 機能を使用する。本研究では、変化形にも注目するため、Lemma リストは使用せず、表記形での分析を行う。なお、大文字と小文字の区別は行わない。まず、Word List 機能を使用して、RQ1 では大学院生要旨の語彙表を、RQ2 では研究者要旨の語彙表を作成する。使用語彙の比較では AntConc の Keyword List で Log-Likelihood 統計値を用いて、大学院生と研究者の語の使用に有意な差があるかどうかを調査する。ここでは、一方のグループにおいて、より高頻度で使用されており、その差が有意であるものをそのグループの特徴語と考える。

RQ3 では、両方のグループに共通して使用されている高頻度語（表1-3参照）を手掛かりに、コレスポンデンス分析を行って、書き手や分野の関係を調査する。分析には「エクセル統計2.15」を用いる。

3.4　データ処理のための下準備

　RQ3 に答えるために、大学院生の語彙表と研究者の語彙表を合算する。合計頻度の高いもののうち、上から順に、20 語を本調査対象の高頻度語彙とする。これらの語彙を手掛かりに、表 1-2 に示した 10 のグループに対して、コレスポンデンス分析を行い、高頻度語彙使用におけるそれぞれのグループの関係性を調査する。大学院生語彙表と研究者語彙表を合算したデータの詳細を表 1-3 に示す。なお、分析にあたり、便宜上、各グループには記号をつけている。それぞれの認識記号を示す。

　下表から分かるように、20 位までの高頻度語には工学分野の専門語彙は含まれていない。一般的なテキストにも使用されている、いわゆる機能語が大半

表 1-3　調査対象 10 グループと高頻度語 20

	AbS 大学院生要旨					AbR 研究者要旨				
	化学 SCh	材料 SMat	物理 SPhy	情報 SCom	建築 SArt	化学 RCh	材料 RMat	物理 RPhy	情報 RCom	建築 RArt
the	83	175	151	153	167	123	160	102	133	127
of	79	83	55	70	97	84	81	72	65	74
and	56	41	35	43	71	81	71	41	49	84
to	19	35	38	67	37	41	49	19	37	58
in	41	45	42	31	60	28	50	28	33	35
a	24	32	47	36	26	37	20	23	36	33
is	15	18	51	39	37	22	31	12	20	14
for	11	21	12	26	16	23	12	7	29	24
with	22	18	14	23	15	18	14	16	21	12
by	15	12	28	15	26	16	27	14	15	4
that	20	11	23	18	28	9	12	5	7	19
was	20	15	19	5	18	19	22	5	1	9
are	18	10	10	9	14	5	6	11	16	14
on	4	18	8	7	16	7	10	8	18	16
as	16	10	11	15	15	16	17	14	5	6
this	10	10	16	13	14	10	9	8	12	14
at	2	8	4	11	2	13	17	10	0	9
from	7	8	8	10	11	13	4	3	5	10
which	5	7	10	6	3	8	5	7	10	6
it	4	7	15	17	32	1	7	2	1	3

を占めている。こうした高頻度の使用を手がかりに、10グループの関係性を探っていく。

4. 結果と考察

4.1 大学院生の要旨の特徴語と研究者の要旨の特徴語

RQ1：大学院生の要旨に特徴的な語彙には、どのようなものがあるか

RQ2：研究者の要旨に特徴的な語彙には、どのようなものがあるか

RQ1とRQ2に答えるために、それぞれの頻度順語彙表を作成し、比較調査を行う。まず、それぞれの頻度順語彙表を比較し、次いで、Log-Likelihood統計値を用いて特徴語を抽出し、考察を行う。

4.1.1 高頻度語彙の比較

大学院生要旨の頻度順語彙表と研究者要旨の頻度順語彙表から、それぞれ1位から10位までを取り出し、表1-4に示す。なお、表1-2で見たように、AbSとAbRの延べ語数が異なるため、比較しやすいように、それぞれの語の1,000語単位の調整頻度を合わせて表示する。

表1-4においては、大学院生のAbSでは8位に入っている"that"がAbRで16位になっている他は、ほとんど違いは見られない。研究者のAbRで8位の"for"も、AbSの頻度順語彙表を見てみると、11位となっていて差は小さい。

"that"に関しては、Hyland and Tse（2005）が、6つの学術領域の240本の要旨を調査し、"We believe that a significant relationship holds between these features"（p.40）のような価値判断を表すthat構文は、5文に1文の高い頻度で、広く使用されていることを報告している。本研究は、工学分野のみに焦点を当てたものであるが、学術誌に論文が掲載されている研究者に比べ、大学院生が、高頻度で"that"を使用している可能性が考えられる。使用方法としては、次節の図1-2に示した"it"のコンコーダンスラインで見るように、"it is concluded that the present approach should … "などの

表1-4　AbS と AbR の上位10語と1,000語単位の調整頻度

順位	Graduate Students		Professional Researchers	
1	the	73.56	the	70.63
2	of	42.23	of	41.17
3	and	26.94	and	35.70
4	to	21.33	to	22.34
5	in	18.47	in	19.05
6	is	17.59	a	16.32
7	a	17.48	is	10.84
8	that	11.00	for	10.40
9	by	10.23	with	8.87
10	with	10.12	by	8.32

使用例が多く見られるため、Hyland and Tse（2005）が指摘する価値判断を示す構文中で"that"を過剰使用している可能性がある。本研究では、"that"についての個々の使用調査を行うものではないが、使用の差については、次節でもう一度確認しておきたい。

　ところで、10位までの語彙はほとんどが機能語である。表1-3からは、いずれのグループの語彙使用も順位には大きな差は見られないように思われるが、出現割合を見てみると、やや異なっている場合が見られる。こうした機能語の使用数の差異についても次節で確認する。なお、11位から50位までの高頻度語は Appendix 1 に記載する。

4.1.2　特徴語彙の比較

　次に、それぞれのグループの特徴語を確認しておきたい。どのような語彙が特徴語として挙がっているのか、Log-Likelihood 統計値の大きいものから順に取り出した結果を20位まで表1-5にまとめている。なお、21位から30位までは Appendix 2 に記載する。

　研究者の AbR の特徴語を見ると、1位は、一般的にも高頻度で使用されている"energy"となる。しかし、コンコーダンサーを用いて、AbR における energy の使用を見てみると、多くが建築系で使用されており、そこでは、

表 1-5　AbS と AbR の特徴語彙上位 20 語

順位	頻度	Keyness	AbS の特徴語	順位	頻度	Keyness	AbR の特徴語
1	78	49.337	it	1	44	38.852	energy
2	26	28.98	i	2	20	27.649	cu
3	27	25.752	device	3	24	26.172	strain
4	13	18.076	beam	4	17	23.502	al
5	13	18.076	people	5	16	22.119	sc
6	12	16.686	brain	6	14	19.354	alloy
7	12	16.686	glasses	7	14	19.354	learning
8	35	16.521	method	8	14	19.354	stress
9	16	16.023	result	9	14	19.354	tensile
10	19	15.974	type	10	13	17.972	matrix
11	100	15.621	that	11	12	16.589	production
12	11	15.295	seismic	12	12	16.589	sustainability
13	18	14.789	various	13	11	15.207	envelope
14	15	14.758	boundary	14	11	15.207	fatigue
15	160	14.758	is	15	11	15.207	kernel
16	10	13.905	houses	16	11	15.207	linear
17	10	13.905	μm	17	11	15.207	treatment
18	9	12.514	community	18	11	15.207	yield
19	9	12.514	fd	19	10	13.825	compression
20	9	12.514	points	20	10	13.825	fiber

"energy consumption""energy efficient""energy performance""energy system"などとなっている。化学系では"net energy gain""clean energy generation"などの、物理系では"pulse energy"などの名詞の連語表現で使用されていて、それぞれの分野で特徴的な用法が見られることが分かる。その他、上表では、銅（Cu）、アルミニウム（Al）、スカンジウム（Sc）の化学記号を含め、一見して、各分野に特徴的な専門語彙・内容語が並んでいることが分かる。それぞれの頻度は高くはないため、研究者と大学院生の研究分野のずれも考えられるが、大学院生がそれぞれの分野における専門語彙・連語を十分に使いこなせていないという可能性も考えられよう。

　一方、大学院生の AbS の特徴語としては、まず、三人称単数代名詞の "it"

や一人称単数代名詞の"I"のほか、上で見た"that"など、機能語が抽出されていることが注意を引く。また、be動詞現在形単数の"is"も高頻度で使用されている。20位以下の特徴的使用語彙の中にも、"each"，"there"，"about"といった機能語が見られることが特徴と言えよう。また、内容語としては、"device"，"method"，"result"など、論文を構成するMoveと直接的に関係している語が上位に並んでいることも特徴と言えそうである。

　語の使用内容を確認するために、ここでは、コンコーダンスラインで"it"の使用を見ておきたい。AbSでは、78件のitの使用がある。図1-2のように、"it is 動詞（-ed）／形容詞 that "の構文が多く使用されていることが分かった。その数は、21件に上る。特に、"as a result,"や"from the above results,""in this study,""in addition,"などに続いて、直前にカンマを置く使用が見られる。また、"it is 形容詞 to 動詞"の構文も9件見られた。表1-5には、特徴語として、"is"も15位に挙がっていることを考えると、これらの構文が過剰使用されており、AbSの特徴となっている可能性がある。

```
hnique gives the reasonable solutions. Then,  it is considered that the deformation state
n elastic recovery phenomenon. In this study,  it is considered that evaluating these places
           a trend of "planting lawn". In addition,  it is difficult to receive the electric power
     However, when the earthquake is happened,  it is essential to establish a method for
   viewpoint of creation of a recycling society,  it is expected that the time to take
          food was hot. By the proposed system,  it is flexibly changed the form mainly on
        a genealogy of the "Kitayama type", but  it is found that the present approach does
            a sphere, is considered. As a result,  it is found that the present simple blood
            verify the present approach. As a result,  it is heat as the food seems to
     put in a mouth without knowing whether  it is high in the conventional CAN FD.
       bit duration in the data phase whereas  it is important that planning with being aw
        in the district. From the above results,  it is possible to provide users with appropri
connection for various users safely. In addition,  it is possible to make a user attribute
```

図1-2　AbSにおける"it"の使用例

　研究者のAbRを見てみると、it isの組み合わせは9件にとどまり、"it is 動詞（-ed）／形容詞 that "の構文は、下記の5件にとどまる。

(1) Depending on latitude and local climate, it is evident that minor angle shifts in building orientation may produce noticeable results ....（建築系論文）

⑵ In this study, it is found that torsional pre-strain increases yield strength and reduces elongation. (材料系論文)

⑶ From the analysis of the microcosmic distribution of the martensite, it is found that the fatigue life is affected by … . (材料系論文)

⑷ It is observed that Cu precipitates distribute heterogeneously in the amount of Cu precipitates … (材料系論文)

⑸ Additionally, it is shown that anisotropic two-magnon scattering is induced by defects at the surfaces. (物理系論文)

　上記5件のうち、3件は材料系の論文要旨となっている。高頻度語彙使用における分野の影響については次章で検討する。

　本研究では、大文字と小文字の区別を行っていない。AbSでは、2番目の特徴語彙として "i" が挙げられているが、これは、代名詞の "I" と小文字の "i" が合算されているものである。コンコーダンサーで確認すると、AbSでは、23件が一人称単数代名詞主格の "I" であり、残りの3件は "i.e." となっていた。念のために、AbRを見てみると、"i.e." が1例のみ使用されているが、一人称単数代名詞主格の使用は一例も見られないことが分かった。さらに、一人称代名詞主格の "we" の使用を調べてみると、AbSでは26例、AbRでは33例の使用が見られた。また、調査結果から、"we" はどちらの特徴語にもなっていないことも確認された。もちろん、修士論文は個人の執筆であり、学術誌では多くが共同研究者による複数執筆となっていることも一因とは考えられるが、一人称単数代名詞の使用は、AbSの特徴語となる可能性があると言えそうである。

　さらに、AbSの特徴語の中から、機能語について見てみると、21位から23位まで順に、"each" "there" "about" が続いていることが分かった。AbRでは "about" はまったく使用されておらず、"each" が4件、"there" が2件に留まった。AbSの "there" を見ると、14件のうち、13件が "there + be 動詞" の存在構文となっていた。こうした構文も大学院生の英文要旨の特徴と

なっている可能性が見えてきた。

　一方、先に見たように、AbR では、統計値の高い特徴語のほとんどが専門的な意味を表す内容語となっている。アルミニウム Al や銅 Cu、スカンジウム Sc なども、特定の分野での高頻度語彙となる。初心者が特定の構文を多用している一方で、熟達者は、字数制限のある要旨に必要な情報を詰め込んでいることが考えられる。AbR の特徴語で機能語を探してみると、20 位以下で、接頭語の "pre" が 28 位に、"during" が 30 位に、"and" が 32 位に入っている。次に、"and" と "during" の使用を見ておきたい。

　Biber, Johansson, Leech, Conrad and Finegan（1999）によれば、"and" は、話し言葉よりも書き言葉で多く使用され、特に、学術テキストでは、節を接続する用法よりも句を接続する用法が多く、句の接続は約 70% を占めるとされる（p.81）。AbS の 246 例から任意に 15 例を選択して見てみると、節の接続が 1 例、また、"And" の文頭使用が 1 例あった。一方 AbR の 326 例のうち、同様に 15 例を調べてみるとすべて句の接続となっていた。"And" の文頭使用は見られなかった。大学院生の "and" の使用に関する詳細な調査が行われると、さらなる特徴が浮かび上がる可能性があると考えられる。

　最後に、"during" の使用を見ておく。Leech, Rayson and Wilson（2001）によれば、"during" は、創作散文（Imaginative）よりも情報散文（Informative）で、約 4.8 倍多く使用されると言う。したがって、"during" も、学術テキストに多用される特徴的な語彙のひとつと考えられる。大学院生の AbS では "during" の使用は 3 例のみであるが、研究者の AbR では 18 件の用例が見られており、今後は、大学院生の使用を調査していく必要がある。

　以上、本節の特徴語の比較からは、大学院生が作成した要旨では、三人称の "it"、接続詞の "that"、現在形の受動態が多用されており、"it is 動詞（-ed）／形容詞 that" 構文が特徴的に使用されている可能性が示唆された。これらは、先行研究が学術論文要旨の特徴として指摘していたものであり、こうした過剰使用には、従来の学術論文のライティング教材が影響を与えている可能性もある。同時に、一人称代名詞主格の "I" の使用、専門的な内容語よりも機能語の使用が多いこと、論文構成に直接関係する語彙の使用が、特徴として見

られることも分かった。

　一方、研究者が作成した要旨には、専門的な情報を持つ内容語が特徴語としてあがり、機能語の使用を省略する傾向がある可能性が示唆された。要旨には、制限された語数の中で、必要な情報が詰め込まれており、そのため、短く、的確に情報を伝えることができる専門語彙の使用が増えることは容易に推測できる。英文論文要旨の作成が必須となっている大学院生には、こうした専門用語の使用に関して、意識的学習を促す教材が不可欠であると言える。

4.2　高頻度語彙の使用に影響を与える要因

　RQ3：書き手や分野は、高頻度語彙の使用にどのような影響を与えているか。

　RQ3 に答えるために、高頻度語彙を手がかりに、コレスポンデンス分析を行なった。その結果、第1軸と第2軸の寄与率はそれぞれ、30.5%と21.1%となり、第2軸までの寄与率は、51.6%となった。10種の論文要旨の次限スコアを表1-6 に、それらと高頻度語を同時に布置したものを図1-3 に示す。

　まず、各軸を見ておく。第1軸は、大きく、プラス方向の物理系研究者 R_Phy・化学系研究者 R_Ch・建築系研究者 R_Art・情報系研究者 R_Com と、マイナス方向の建築系大学院生 S_Art・物理系大学院生 S_Phy・情報系大学院生 S_Com を分けている。このことから、原点に近い、材料系研究者および大学院生と化学系大学院生を除けば、研究者はプラス側で大学院生はマイナス側に付置されていると言え、第1軸は「研究者軸」となっている可能性が考えられる。第2軸は、マイナス方向に大きく離れて、大学院生と研究者の両方の情報系が位置していることが注意を引く。プラス方向には、離れて、化学系大

表 1-6　AbS と AbR のスコア

	AbS 大学院生要旨					AbR 研究者要旨				
	SCh	SMat	SPhy	SCom	SArt	RCh	RMat	RPhy	RCom	RArt
1 軸	0.06	0.11	−0.67	−0.20	−0.60	0.43	−0.03	0.32	0.39	0.52
2 軸	0.73	−0.14	−0.21	−0.51	0.18	0.21	0.32	0.29	−0.56	−0.18

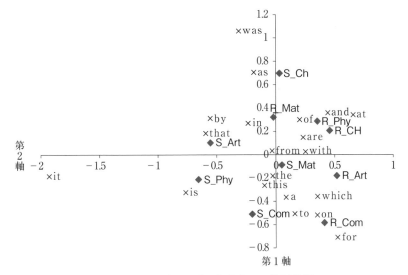

図1-3　10 グループと高頻度語の位置関係

　学院生が位置しており、また、原点近くでは、材料系・物理系・化学系の研究者と建築系の大学院生がプラス方向に、物理系と化学系の大学院生と建築系の研究者がマイナス方向に位置している。第2軸は、おおまかに、大学院生と研究者の両方の情報系を他から分離する、「非情報系軸」である可能性が考えられる。

　さらに第1象限から順に見てみると、非情報系研究者ゾーンには、主に句を接続する "and"、機能語の "at" と "of"、複数の現在形 be 動詞の "are" が位置している。研究者要旨の AbR で "are" の使用を見てみると、"are ＋動詞（ed）" の構文が多用されていることが見て取れる。また、同様に第1象限に位置している "at" を見てみると、図1-4 が示すように、周波数や回転数、温度や角度を表す表現に "at" が使用されていることが分かる。ここでは、現在形の受動態と、詳細な状況を表す表現が特徴となっている「複数現在形受動態型」の傾向が見られると言える。第1象限には、物理系と化学系の研究者が分類されており、要旨で必要な詳細情報が提示されていると考えられる。現在形を使用するか、過去形を使用するかについての傾向については、ここからだ

ut instead return to approximately 40°; at 100 Hz, they oscillate around 90° with a sm ‖ Appl.
late around 90° with a small amplitude. At 10 Hz, the induced velocity profile is S-sl ‖ Appl.
ced velocity profile is S-shaped, while at 20 Hz, the profile is double-S-shaped; thin ‖ Appl.
of strong linear and circular dichroism at thin optical interfaces is usually challen ‖ Appl.
r pulses radiates electromagnetic waves at terahertz frequencies. Compared with one-c ‖ Appl.
magnon scattering is induced by defects at the surfaces. ‖ Appl.
presence of strong spin-orbit coupling at high densities. We study the magnetotransp ‖ Appl.
opy.Two local vibrational modes (LVMs) at 1679 cm-1 and 1718 cm-1 as well as an abson ‖ Appl.
rising from charge carrier accumulation at the physical edges of samples. Here, we pr ‖ Appl.
the Rushton turbine and paddle turbine at 10, 50, 100, and 150 rpm were the comparat ‖ chemi
ing swirl than those of paddle turbine. At all mixing speeds, higher hydrogen yield w ‖ chemi
s 6826 mL H2 LPOME-1 (350 mL H2 gCOD-1) at 150 rpm. However, the operating speed to a ‖ chemi
xers, the mixing process of the species at a straight microchannel has been solved an ‖ chemi
ar repetitive structures and dimensions at the specified flow rates could be designed ‖ chemi
s study, waste cooking oil was gasified at variable temperatures (375-675℃), feed co ‖ chemi
total gases (10.5mol/kg) were obtained at optimal temperature, feed concentration and ‖ chemi
75℃, 25wt% and 60min, respectively. At 5wt% loading, Ru/A1203 enhanced hydrogen yie ‖ chemi
water gasification of waste cooking oil at 675℃, 25wt% and 60min decreased as Ru/Als ‖ chemi
entation system through controlling ORP at -150mV, -100mV and -50mV, respectively, by ‖ chemi

図 1-4　R_Phy と R_Ch における "at" の使用

　けでは分からないため、特に、分野の特徴の調査も合わせて、今後、時制の使用についての詳細な調査を行う必要があると考える。

　第2象限の情報系研究者ゾーンには、情報系の研究者 R_Com の他、第1象限の近くに建築系の研究者 R_Art が位置している。ここでは、for が原点から最も遠い特徴的な位置を占め、接続詞の "or"、関係詞の "which" などが続いており、「付加情報型」の傾向があると考えられる。本研究では、"which"の使用を、研究者要旨 AbR で確認しておきたい。前節の特徴語調査では、"which" は、AbS と AbR の どちらの特徴語にもなっていないことが分かっている。使用数では差が無いわけだが、コンコーダンサーを用いて、用法を確認しておきたい。まず、AbR で "which" を見てみると、すぐに、情報系 R_Com の使用が多いことが分かるが、用法については、分野による特徴があるようには見られなかった。たとえば、AbR では、36件の "which" のうち、非制限用法の "カンマ+which" が大半を占めており、カンマのない制限用法は、5件に留まる。これらの制限用法の使用分野は、物理 R_Phy、情報 R_Com、材料 R_Mat に各1件ずつと、建築 R_Art に2件となっており、広い範囲に分布している。また、"in which" "(up) on which" "from which""all of which" などの使用もいくつか見られるが、これらも分野にまたがって

使用されており、"which"と対応して付置されている情報分野への片寄りは確認できなかった。

　そこで、次に、大学院生のAbSで、"which"を使用したコンコーダンラインを確認してみることとした。コンコーダンスラインからは、AbSにおける"which"の使用についても、分野間での目立つ差は見られなかった。しかし、AbS全体において、AbRとは異なる使用傾向が見られた。それは、AbSの31例の"which"のうち、65%にあたる20例が、カンマを伴っていない制限用法となっていたことである。AbRにおいては、制限用法が13.9%に留まっていたことを考えれば、注目に値すると言える。本研究は個々の語の用法を調査対象とはしていないが、"which"の使用においては、大学院生AbSと研究者AbRの間に違いが見られる可能性が示されたと言える。

　非研究者ゾーンとなる第3象限においては、物理系大学院生S_Phyと情報系大学院生S_Comが付置されている。原点から最も離れた位置に"it"が、次いで、S_Phyの近くに"is"が位置しており、上で見た"it is構文"のゾーンとなっていると言える。AbSでの使用を確認してみると、"it is"の使用は、S_PhyとS_Comでともにそれぞれ11件ずつ確認できた。建築系大学院生S_Artは第4象限に付置されているが、第1軸で大きくマイナスに傾いている。調べてみると、"it is"を9件使用しており、同じ傾向を示していると言えよう。

　第4象限にはS_Artと材料形研究者R_Matが付置されているが、これらはかなり離れた位置関係となる。原点から最も遠い語は、過去形の"was"で、次いで"as""by"となる。R_Matでは、"was"の使用が22件あり、AbR全体の使用の56件において40%近い数値を占めていることが分かる。図1-5に示すように、多くは"was動詞（ed）"の受動態で使用されている。さらに、"by"の使用においても、"was動詞（ed）＋by"の形がいくつも見られた（図1-6）。第4象限は「過去受動態型」と言える。化学系大学院生S_Chは第1象限に付置されているが、20件の"was"の使用が見られ、むしろ、過去受動態型の傾向が見られる。

　以上の高頻度語彙の使用の分布からは、建築系・物理系・情報系の大学院生

Systematic investigation was	carried out to understand the effect of plate-to-
cucture evolution during cycling deformation was	characterized by EBSD and TEM to identify differe
nce on mechanical response, respectively.It was	clearly revealed that the single minor Sc additio
-Mn steel (Fe-0.05C-5.7Mn-1.9Cu-2.0Ni-0.4Si) was	cold rolled and then intercritically annealed (IA
rmetrical strain and stress-controlled modes was	compared systematically. For the strain-controlle
s on the material behavior, the as-cast-WE43 was	converted into two rolled plates with one (p2) be
L-Cu-Sc-Fe alloy, and the ductility of alloy was	correspondingly reduced.
It was found that strain cycling deformation was	dominated by dislocation slip and exhibited the t
of this effective strain range related model was	extended to the condition of asymmetrical stress
ientify different deformation mechanisms. It was	found that strain cycling deformation was dominat
conditions. The plate P2 in the T5 condition was	found to have the highest strength and elongation
al. In addition to quasi-static strength, P2 was	found to exhibit superior low cyclic fatigue (LCF
investigated in detail. Particular attention was	given to the development of new recrystallized gr
addition. However, the formation of W phase was	highly suppressed. This resulted in promoted A13S
fastener production. Age hardening response was	investigated by means of Synchrotron-based X-ray
e copper-copper interface by hot compression was	investigated in detail. Particular attention was
elongation) and 23%TEL (total elongation)) was	obtained at an annealing temperature of 640℃, w
ci-phase microstructure ($\sim$ 300nm grain size) was	obtained in this single short time annealing, com
a novel effective strain range related model was	proposed by introducing the TCA factor into the o

図1-5 R_Mat における "was" の使用

during cycling deformation was characterized by EBSD and TEM to identify different deformat

that strain cycling deformation was dominated by dislocation slip and exhibited the transition f

ion. Age hardening response was investigated by means of Synchrotron-based X-ray Absorpti

ctive strain range related model was proposed by introducing the TCA factor into the original

ined austenite. The microstructure was studied by SEM (scanning electron microscope), TEM (t

l the local strain qradients, which were verified by nanoindentation testing along with the estin

図1-6 R_Mat における by の使用

は、研究者とは異なる語彙使用の傾向が見られることが分かった。これらの大学院生は、"it is 〜 that" を過剰使用している可能性が考えられる。情報系大学院生は、研究者とはやや異なる語彙使用傾向となっているが、情報系研究者とは近い関係にあることが示されており、分野での特徴的使用を行なっている可能性もある。多くの研究者が付置されている第1軸のプラス方向に "which" が位置しており、使用を調べてみると、使用数では、大学院生と研究者の間に差がないが、使用方法においては、大学院生と研究者の間に大きな隔たりが見られた。

5. ま と め

　本研究では、工学系学位論文の英文要旨作成のための教材開発を目的として、大学院生の英文要旨作成能力を明らかにするために、3つのRQを立てて、大学院生が書いた英文要旨と研究者が書いた英文要旨の比較分析を行った。

　RQ1：大学院生の要旨に特徴的な語彙には、どのようなものがあるか。

　大学院生の要旨では、代名詞の"it""I"、接続詞の"that"などの機能語や、現在形単数のbe動詞"is"の他、"device""method""result"など、論文を構成するMoveに直接関係するキーワードが高頻度で使用されていることが分かった。また、"it is 動詞（-ed）that""there＋be動詞"などの特定の構文を多用する傾向があることも明らかとなった。

　RQ2：研究者の要旨に特徴的な語彙には、どのようなものがあるか。

　研究者の要旨では、大学院生の場合と違って、機能語はほとんど見られず、多くの特徴語は、内容語となっていた。また、それら内容語も、"Cu""Al""Sc"といった化学記号の他、"energy"など、一見、一般的に使用されている語であっても、専門的な連語の中で使用されており、大学院生と比較すると、情報量の多い、専門的な語彙が多く使用されていることが分かった。

　RQ3：書き手と分野は、高頻度語彙の使用にどのような影響を与えているか。

　高頻度語彙を手掛かりに、10グループの論文要旨に対して対応分析を行ったところ、研究者と一部の大学院生が第1軸において分類される可能性が見られた。また、情報分野においては、大学院生と研究者が近い語彙使用を行っていて、他の分野とは語の使用が異なる可能性も示唆された。さらに、関係代名詞や等位接続詞、前置詞の使用において、大学院生と研究者では異なる傾向がある可能性も示された。

　本研究の調査結果からは、大学院生は、専門的な語彙を十分には習得できておらず、研究者とは異なる語彙使用を行っている可能性があること、特定の構文を多用する傾向にあることが示された。また、高頻度語についても、大学院生と研究者は、異なる使用傾向が示されたが、分野によっては、大学院生と研

究者の間の距離が比較的近い場合があることも示された。こうした現状を踏まえて、英文要旨作成のための教材においては、専門的語彙を十分に使用できる段階にまで指導ができるようにすること、特定の構文の過剰使用とならないように研究者が使用している構文を幅広く提示していくこと、分野による特性を加味していくことが必要であると考えている。

謝　辞

　本稿は、統計数理研究所との共同研究成果リポート『ESP/JSP 教育のためのテキスト分析手法』に掲載した同名の論文に加筆修正をほどこしたものです。また本研究は JSPS 科研費 19H01281 の助成を受けています。

参考文献

Apple, M. (2014). The vocabulary and style of engineering research abstract writing. *OnCUE Journal, 7* (2), 86–102. Retrieved from https://jaltcue.org/files/OnCUE/OCJ7.2/OCJ7.2pp86-102Apple.pdf

Bhatia, V. K. (2013). *Analysing genre: Language use in professional settings*. Routledge.

Biber, D., Johansson, S., Leech, G., Conrad, S., & Finegan, E. (1999). *Longman grammar of spoken and written English*. Pearson Education.

Day, R. A. (1995). *How to write and publish a scientific paper* (4th ed.). Cambridge University Press.

Feak, C. B., & Swales, J. M. (n.d.). Journal article abstracts. Retrieved from https://pdfs.semanticscholar.org/3d29/fdcec7bfa40600b1a80b964986d47de9a6ff.pdf

Glasman-Deal, H. (2009). *Science research writing for non-native speakers of English: A guide for non-native speakers of English*. Imperial College Press.

Graetz, N. (1985). Teaching EFL students to extract structural information from abstracts. In J. M. Ulign & A. K. Pugh (Eds.), *Reading for professional purposes: Methods and materials in teaching languages* (pp.123–135). Acco.

Huckin, T. (2006). Abstracting from abstracts. In M. Hewings (Ed.), *Academic writing in context: Implications and applications Papers in honour of Tony Dudley-Evans* (pp.93–103). Continuum.

Hyland, K., & Tse, P. (2005). Evaluative *that* constructions: Signalling stance in research abstracts. *Functions of Language, 12* (1), 39–63.

石川有香 (2016).「English vocabulary for engineers 9000 の開発」『社会的要因の着目した

応用言語学研究における量的アプローチ　統計数理研究所共同研究リポート』*373-374*, 129-148.

Leech, G., Rayson, P., & Wilson, A. (2001). *Word frequencies in written and spoken English: Based on the British National Corpus*. Longman.

Menezes, C. A. (2013). A comparative study of textual and rhetorical features of abstracts written by expert and novice writers. *A Palavrada, 3*, 10-18. Retrieved from https://revistaapalavrada.files.wordpress.com/2014/05/1-a-comparative-study-of-textual-and-rhetorical-features-of-abstracts-written-by-expert-and-novice-writers-cilc3a9ia-alves-menezes.pdf

San, L, Y., & Tan, H. (2012). A comparative study of the rhetorical moves in abstracts of published research articles and students' term papers in the field of computer and communication systems engineering. *International Journal of Applied Linguistics & English Literature, 1* (7), 40-50.

Santos, M. B. D. (1996). The textual organization of research paper abstracts in applied linguistics. *Text, 16* (4), 481-499.

Swales, J. M. (1990). *Genre analysis: English in academic and research settings*. Cambridge University Press.

Swales, J. M., & Feak, C. B. (1994). *Academic writing for graduate students: A course for nonnative speakers of English*. University of Michigan Press.

Weissberg, R., & Buker, S. (1990). *Writing up research: Experimental research report writing for students of English*. Prentice Hall Regents.

Appendix 1　AbS と AbR の上位 11 位から 50 位と 1,000 語単位の調整頻度

順位	Graduate Students		Professional Researchers	
11	for	9.56	on	6.46
12	it	8.57	as	6.35
13	was	8.46	was	6.13
14	as	7.58	this	5.80
15	this	7.03	are	5.69
16	are	6.70	that	5.69
17	on	6.05	at	5.37
18	from	4.95	energy	4.82
19	we	4.29	we	3.94
20	study	3.96	which	3.94
21	method	3.85	from	3.83
22	which	3.41	be	3.39
23	an	3.19	an	3.18
24	using	3.19	results	2.74
25	at	2.97	were	2.74
26	be	2.97	based	2.63
27	device	2.97	construction	2.63
28	i	2.86	design	2.63
29	two	2.75	have	2.63
30	one	2.64	strain	2.63
31	s	2.64	study	2.63
32	time	2.64	can	2.41
33	were	2.64	proposed	2.41
34	these	2.53	strength	2.41
35	has	2.42	two	2.41
36	flow	2.31	approach	2.30
37	however	2.31	different	2.30
38	system	2.31	building	2.19
39	can	2.20	cu	2.19
40	each	2.20	c	2.08
41	higher	2.20	process	2.08
42	not	2.09	time	2.08
43	type	2.09	been	1.97
44	have	1.98	during	1.97
45	various	1.98	performance	1.97
46	also	1.87	al	1.86
47	because	1.87	both	1.86
48	but	1.87	systems	1.86
49	proposed	1.87	has	1.75
50	results	1.87	paper	1.75

Appendix 2　AbS と AbR の特徴語彙上位 20 位から 30 位

順位	頻度	Keyness	AbS の特徴語	順位	頻度	Keyness	AbR の特徴語
21	20	11.711	each	21	10	13.821	fiber
22	15	11.306	there	22	9	12.439	aging
23	8	11.124	about	23	9	12.439	algorithm
24	8	11.124	active	24	9	12.439	fermentation
25	8	11.124	dm	25	9	12.439	graphene
26	8	11.124	immersed	26	9	12.439	magnetic
27	8	11.124	isolation	27	9	12.439	plate
28	8	11.124	music	28	9	12.439	pre
29	8	11.124	phosphorus	29	9	12.439	tests
30	8	11.124	proteins	30	18	11.825	during

第 **2** 章

工学系英語論文要旨の Move 分析
― 工学 5 分野の国際誌要旨の談話的特徴 ―

石川　有香　（名古屋工業大学）

ishikawa.yuka@nitech.ac.jp

A Move Analysis of Research Article Abstracts in Five Engineering Fields

ISHIKAWA Yuka　（Nagoya Institute of Technology）

Abstract

In the field of teaching writing, the move analysis approach has attracted increasing attention. Japanese graduate students of engineering are often required to write a research article abstract in English, but there are very few materials suitable to guide them. In this study, we analyzed 50 abstracts in terms of move structures, with the aim of developing new material for the purpose. Five moves, Background, Purpose, Methods, Results, and Conclusion, were identified, as in previous studies. The results showed that 1) more than 80% of the abstracts of engineering included Purpose, Methods, and Results, 2) 70% of the abstracts included Background, in contrast to the results of previous studies, 3) more than half of the abstracts included Conclusion, and 4) more than 60% of the abstracts had at least four kinds of moves and 32% had five kinds. The study suggests that research article abstracts in the field of engineering tend to include a wider range of moves than predicted.

1.　は じ め に

　学術分野における国際競争が激しさを増す中、我が国においても、研究成果を素早く世界に向けて発信する必要が高まっている。特に工学系大学では、研究者の英語論文執筆を推進するだけではなく、大学院生が和文で執筆した修士論文においても、英文要旨（abstract）を義務化する大学が増えてきている。一方で、大学院生のために英語論文執筆のための授業を設けている大学はいまだ少なく（石川・川口・竹井・伊東、2019）、多くの大学院生は、手探りの状態で英文要旨を作成しているのが現状である。そのため、工学系大学院生が英文要旨を作成するために役立つ教材の開発が急務となっていると言える。

　教材開発を行うにあたっては、まず、学習者が工学研究を行う上で、どのような言語使用が必要となるのかを見極める必要がある。そのため、本研究では、著名な国際誌に掲載された工学論文の英文要旨50本を調査し、どのような言語特徴が見られるかを明らかにする。なお、本論では、abstract に対して「要旨」という語を用いる。

2.　先 行 研 究

2.1　要旨の重要性

　出版される学術誌数や論文数が増加し、現在では、読むべき論文を電子データベースから検索して選び出すことが研究者の活動のひとつとなっている。各学術誌のデータベースには、掲載された論文のタイトルと要旨が公開されている場合が多い。研究者は、論文のタイトルを見て、要旨を選択し、当該論文を読むかどうかを決定することになる。そのため、要旨は、タイトルの次によく読まれるテキストであるとされ、論文テキストにおいて重要な部分だと言われ

ている（片山、2017；Lewis, Whitby & Whitby, 2004 他）。

　研究開発に必要な科学技術情報を、専門家集団の中で円滑に流通させるためには、テキストの標準化が重要な役割を占める。要旨の国際規格としては、ISO（the International Organization for Standardization）において、1974 年に、“ISO 214 Documentation — Abstracts for publications and documentation” で、論文や資料などの要旨（Abstract）のガイドラインが策定されている。わが国でも、1973 年から、科学技術振興機構（旧日本科学技術情報センター）が、科学技術情報流通技術基準（SIST：Standards for Information of Science and Technology）の作成及びその改訂を、2012 年までかけて行っている。その中でも、公開されている 14 の基準のうち、1980 年に、最初の基準として制定された SIST 01 が、「抄録作成」を取り上げていることに注目したい。なお、この基準は、一次文献（研究・開発の結果や新しい知見を収録した文献）の著者、学術雑誌などの編集者、二次文献（一次文献の抄録など）を作成する情報サービス機関の関係者を対象に示した、「抄録の作成についての指針」とされる。

　「抄録作成」では、科学技術文献の急激な増加に伴う抄録の重要性の増大が改めて指摘されており、特に、一次文献に対して、著者が自ら抄録をつけることの必要性が指摘されている。なお、「抄録（abstracts）」の用語については、従来、著者によって作成された「摘要（synopsis）」と区別をして、第三者によって作成されていたものを指していたことが多かったが、ここでは、この区別を行わないことが示されている。なお、使用言語については、「我が国で刊行する一次文献には、原記事の使用言語の如何にかかわらず和文及び英文の抄録をつけることが望ましい」として（文部科学省、1980, p.2）、英語要旨の重要性も指摘されていることに着目したい。

　SIST 01 の基準は ISO 214 と「同規格に近い」とされるが、標準とする論文要旨の長さには、差があると言う。ISO 214 では、250 語以内とされるが、SIST 01 では、「和文で 200 ～ 400 字、欧文で 100 ～ 200 語を標準とする」（p.2）となっており、国内の「現状を考慮」したとされる（p.10）。

　要旨研究の重要性は、ESP テキスト研究の分野においても増していると言

える。要旨は、研究者間でのコミュニケーションにおいて広く頻繁に使用され、パターン化された言語特徴を有しており、ひとつのジャンルと考えられる（Bhatia, 2013; Menezes, 2013; Swales, 1990）。これまでにも、要旨の分析研究が数多く行われており（Can, Karacacak, & Qin, 2016; Huckin, 2006; Swales & Feak, 2009; Weissberg & Bucker, 1990 他）、研究者が使用する「学術英語（EAP: English for Academic Purposes）」の中でも、特に、重要性が高いジャンルであると認識されている（Menezes, 2013）。

2.2　要旨の機能と種類

（1）　要旨の機能

　要旨の機能としては、読者の興味を引き付け、論文本文を読み進めるように促す役割の他、本文を読まなくても、研究テーマや研究目的・方法・結果などを読者が素早く把握できるように情報提供を行う役割や、本論を読み進む際の理解の支えとなる予備情報を提供し、読解ガイドとなる役割が挙げられる（Huckin, 2006）。また、査読者の立場からは、研究内容が、当該誌が取り扱う研究領域に合致しているかどうかや、研究課題・方法・結果に妥当性があるかどうかを素早くチェックするための情報提供源としての役割がある。要旨は、本文の内容と関係するものではあるが、要旨だけを読んでも内容が理解できるという点において、独立したテキストとしての機能を果たしている。

　要旨に含まれるべき内容に関しては、SIST 01 が、一次文献となる原著論文要旨の標準的な要素を、研究における、(a) 前提、(b) 目的や主題範囲、(c) 方法、(d) 結果、(e) 考察や結論、(f) その他（主目的外で価値のある情報）としている。また、一般的な要旨作成においては、「(b)、(c)、(d) を詳しく書く」「(a)、(e)、(f) は簡単に書き、場合によっては省略してもよい」とし、さらに、学位論文に関しては、含まれるべき標準的要素は上記のガイドラインを「準用する」としながらも、「(a)、(e) も含め新規性を中心とした詳しい内容にする」ことを求めている（文部科学省、1980, p.3）。字数が制限されているため、タイトルの繰り返しや常識となっている内容は排除し、新規性のある内容や読者に強調したい知見を重点的に盛り込むことを推奨している。

（2） 要旨の執筆者と執筆時期

　要旨にはさまざまな種類が認められている。執筆者を基準に考えてみると、多くの場合、論文本文と要旨は、同一の人物が執筆するが、別の執筆者が作成する場合もある。たとえば、雑誌や書籍の編集者や他の研究者などが、研究論文を紹介したりまとめたりするために要旨を執筆する場合もある。

　研究期間のどの時点で要旨を作成しているのか、作成時期を基準に考えてみた場合にも、分類が可能となる。研究発表申し込み時の要旨などでは、論文が完成していない状態や、研究が完成しておらず、結果が分かっていない状態で要旨が作成される場合もある。一方、論文本文の執筆者とは異なる、第三者が作成する場合はもちろんのこと、論文本文の執筆者が作成する場合でも、論文本文が書きあがった後に、要旨の執筆が行われている場合がある。学術論文（Research Article）の要旨や博士学位論文（PhD dissertation）の要旨は、多くの場合、論文本文の完成後または同時に作成が行われているため、後者に分類できる。

（3） 要旨の種類

　上で見たように、要旨には、さまざまな情報が含まれている。SIST 01 では、結果や結論を含み、本論を読まなくても内容の要点が理解できる要旨を「報知的抄録（informative abstract）」とし、研究方法や結果には触れずに、研究範囲や研究の主題を記載した要旨を「指示的抄録（indicative abstract）」としている。また、長さ制限や利用者への配慮から、一部を報知的に、また他の一部を指示的に記述したものもある。これらは上記の中間的な役割を果たす「半報知的抄録」とされる。

　ここで「指示的抄録」としているものは、indicative abstract の他、descriptive abstract と呼ばれている場合もあり、まだ完了していない研究や、総説、展望、解説などを紹介するときに使用される。長さが短く、「研究目的や研究方法といった話題は入れるが、結果や結論に関する情報はほとんど入れない」で作成された要旨となる（Lewis, Whitby & Whitby, 2004, p.54）。中村（1989）は、「指示的抄録」について、欧文なら30語、和文なら60-70語

程度で、ごく短く、簡潔に研究の範囲のみを伝えるものであるとしている。

　現在、学術論文の要約は、多くの場合、「報知的抄録」にあたる。論文本文の「縮小版」であり、IMRD、すなわち、I（Introduction）、M（Method）、R（Results）、D（Discussion）のすべてが含まれているとされる（Lewis, Whitby & Whitby, 2004, p.54）。さらに、こうした学術論文要旨においては、主な形式として、structured abstract と unstructured abstract の2種類の形式が見られる。学術誌によっては、著者は、まとめて1か所に要旨を書き入れることはできず、たとえば、Introduction、Method、Results、Discussion に分類して、それぞれ指定された場所に、決められた量の情報で、書き入れることが求められる場合がある。これが、structured abstract とされる。

　一方、要旨全体に対して、250語や300語などと分量だけが指定されており、著者は、自分の主張に合わせて、必要な情報を、適宜適量盛り込んでいく unstructured abstract が求められている場合もある。慣例的に、unstructured abstract では、要旨を1段落にまとめて記述することが多い。しかし、規定に、1段落で記述することが明記されていない場合には、要旨が複数段落にわかれて記載されている場合も見られる。本研究では、1段落のunstructured abstract を扱う。

2.3　要旨の談話的特徴

　本稿では、「談話上の内容のまとまり」を先行研究に従い、Move と呼ぶこととする。談話に沿って、テキストのジャンル分析を提唱した Swales（2004）は、Move を下記のように定義している。

> A "move" in genre analysis is a discoursal or rhetorical unit that performs a coherent communicative function in a written or spoken discourse.
>
> 　　　　　　　　　　　　　　　　　　　　　　　　（Swales, 2004, p.228）

Move は、ひとつの「問い」に対する「答え」など、コミュニケーション上、

特定の機能を果たすテキストのまとまりである。それぞれの長さは、フレーズからパラグラフまで、まちまちとなる。Swales and Feak（2009）では次のような規定もみられる。

A move is a stretch of text that does a particular job. It is a functional, not grammatical term. A move can vary in length from a phrase to a paragraph.

（Swales & Feak, 2009, p.5）

要旨に含まれる Move の数に関しては、先行研究においても一致を見ていない。Bhatia（2013）は、要旨には、1. What the author did, 2. How the author did it, 3. What the author found, 4. What the author concluded の4つが、問いに対する答えとして含まれていることが共通の認識となっていると主張する（p.77）。1 については、研究の目的、テーマや仮説、研究課題が、2 では研究の方法、3 では研究の結果、4 では結論と考察を伝える Move となる。これらは、順に、Introduction Purpose（以下、本研究では [I] とする）、Describing Methodology（以下 [M]）、Summarizing Results（以下 [R]）、Presenting Conclusions（以下 [C]）とされている。

それでは、これらの Move は、要旨にどのように具現化されているのだろうか。Bhatia（2013, p.77）は、French（1989）の要旨をサンプルとして取り上げ、上記の4つの Move がどのように要旨に組み込まれているかを示している。ここでは、それぞれの Move の先頭に [ ] でその種類を示す。

[I] This paper sets out to examine two findings reported in the literature: one, that during the one-word stage a child's word productions are highly phonetically variable, and two, that the one-word stage is qualitatively distinct from subsequent phonological development. [M] The complete set of word forms produced by a child at the one-word stage were collected and analysed both cross-sectionally（month by month）and longitudinally（looking for changes over time）. [R] It was found that the data showed very little variability, and that phonological development during the period studied was qualitatively continuous with subsequent development. [C] It is suggested that the phonologically principled development of this child's first words is related to his late onset of speech.（[　] 内記述、筆者）

French（1989, p.69）

Bhatia（2013）で示されたMoveの機能と実例に示された時制をまとめて下の表に示しておきたい。

表2-1　Bhatia（2013）が示す要旨に含まれる4つのMove

答えるべき問い	Move	
研究者が何を行ったか	Move［I］	研究の目的または課題
研究者がそれをどのように行ったか	Move［M］	研究方法または研究デザイン
研究者が何を見つけたか	Move［R］	結果の概要
研究者が何と結論づけたか	Move［C］	考察または結論

（Bhatia, 2013, pp.77-79 を筆者が改編）

　要旨に含まれるMoveに関しては、上表のBhatia（2013）の主張とは異なり、5つのMove使用の可能性を示す研究も多い。たとえば、Swales and Feak（2009）は、要旨に含まれる可能性のあるMoveとして、5つのMoveを提示している。Bhatia（2013）が示したMove［I］［M］［R］［C］については、ほぼ同様のMoveが提示されているのだが、それらに加えて、What do we know about the topic? またはWhy is the topic important? という問いに対する答えとしての情報が含まれているとする。このMoveには、background/introduction/situation のラベルが付けられている（p.5）。本稿では、以下Move［B］とする。

　なお、「目的」または［P］にあたるMove 2は、What is this study about?

という問いに対する答えを記述した Move であるとされ、「方法」[M] の Move 3 は How was it done? の答えであり、「結果」[R] の Move 4 は What was discovered? の答えとなる。「結論」[C] の Move 5 は What do the findings mean? の答えにあたるとされる。なお、このことから分かるように、Move 3 の [M] と Move 4 の [R] は、過去の行為に対する問いの答えとなっている。

　下表に Swales and Freak（2009）の記述をまとめる。

表 2-2　Swales and Feak（2009）が示す要旨に含まれる 5 つの問いと Move

答えるべき問い	Move	
トピックに関する既知情報は何か／トピックにはどのような重要性があるか	Move1 [B]	研究の背景／イントロダクション
本研究は何について行うのか	Move2 [P]	本研究の目的
それはどのように行われたか	Move3 [M]	研究方法、材料、対象者、手順
何が発見されたか	Move4 [R]	結果
結果にどのような意味があるか	Move5 [C]	考察または結論

（Swales and Freak, 2009, p.5 を筆者が改編）

　Weissberg and Buker（1990）や Santos（1996）も、「導入部分または研究背景（Background）」を加えて、要旨に見られる Move を、「背景 [B]」「目的 [P]」「方法 [M]」「結果 [R]」「結論 [C]」の 5 つに整理している。論文本文と同じように Introduction-Methods-Results-Conclusion の 4 つの Move で構成することは、ガイドラインにもしばしば記載されているが、様々な分野の 800 の要旨を分析した Hyland（2004）も、Introduction には、研究の背景と著者が当該研究を行う目的の両方が記述されていることがあるとしており、この 2 つを Introduction と Purpose に分けて、5 つとすることに賛同している。Hyland（2004）では、Move [B] が本研究で用いる用語とは異なり、Introduction または [I] とされるが、機能も含めその他はほぼ同じ内容となっている。

　ここで、実際に要旨に使用されている 5 つの Move のサンプルを確認しておきたい。Glasman-Deal（2009）は 5 つの Move を含んだ下記の要旨をサン

表 2-3　Hyland（2004）が示す要旨に含まれる 5 つの Move とその談話機能

Move		談話機能
Move 1［I］	Introduction	研究内容・動機・背景を示す
Move 2［P］	Purpose	研究目的・研究の概要を示す
Move 3［M］	Method	研究デザイン・手法・データ等に関する情報を示す
Move 4［R］	Product	主要な研究結果・成果を示す
Move 5［C］	Conclusion	結論・考察・応用への示唆を示す

（Hyland, 2004, p.67 を筆者が改編）

プルとして示している。新しい Move が始まる箇所に種類を［　］で示す。

　　［B］The speed of sound in a fluid is determined by, and therefore an indicator of, the thermodynamic properties of that fluid.［P］The aim of this study was to investigate the use of an ultrasonic cell to determine crude oil properties, in particular oil density.［M］An ultrasonic cell was constructed to measure the speed of sound and tested in a crude oil sample. The speed of sound was measured at temperatures between 260 and 411 K at pressures up to 75 MPs.［R］The measurements were shown to lead to an accurate determination of the bubble point of the oil.［C］This indicates that there is a possibility of obtaining fluid density from sound speed measurements and suggests that it is possible to measure sound absorption with an ultrasonic cell to determine oil viscosity.（［　］内記述、筆者）

（Glasman-Deal, 2009, p.200）

　　なお、これらの 5 つの Move について、Swales and Feak（2009）は、必ず使用されるべき Move ではなく、使用される可能性のある Move としている。また、Glasman-Deal（2009）は、5 つの Move のうち、「方法」と「結果」に重点を置いた要旨が多いと指摘している。また、Swales and Feak

（2009）は、「目的」と「結果」はおおよそ共通して使用されているが、「結論」を欠くものが最も多いとしている。

2.4 分野による要旨の特徴

　分野によって、Move の使用が異なる可能性も示唆されている。たとえば、94 本の要旨を分析した Santos（1996）は、応用言語学分野では、「背景［B］」「目的［P］」「方法［M］」「結果［R］」「考察［C］」の5つの Move が見られたとするが、医学分野の 90 本の要旨を調査した Huckin（2006）によれば、生物医学分野では、しばしば「目的［P］」を欠いていることが報告されている。目的を含む要旨は、22％に留まったとされる。Hyland（2004）は8学術分野の要旨を分析し、物理学と工学では、Move2-Move3-Move4 の［P］-［M］-［R］のパターンが40％近くを占めている一方で、哲学では、3％にとどまり、むしろ、Move1-Move2-Move4 の［B］-［P］-［R］のパターンが27％となると言う。

　こうした分野における違いについて、Hyland（2004）は、自然科学（hard science）と人文科学で分野に所属するメンバーの共通認識に差があることを指摘している。自然科学分野では、多くの場合、著者は、読み手が、分野の重要性やなぜ研究が行われているかといった知識をすでに持っていると考えているという。そのため、研究の背景を割愛することが多いとする。一方で、人文科学の場合は、読み手は研究の背景に関する知識を持ち合わせていない場合が多い。共通知識基盤が不可欠となり、研究の背景、研究の範囲に関する情報を盛り込むことが多くなると言う。ただし、自然科学の中でも、細分化が進む生物学と物理学では Move 使用のパターンに差があるとしている。

　以上、先行研究からは、工学分野においても、「研究の背景」や「研究の目的」を割愛している要旨が見られる可能性も考えられる。また、物理系や化学系、建築系など、工学の中でも専門によって Move の使用に偏りが見られる可能性が考えられる。

3.　調　　査

3.1　研究目的と RQ

　本研究では、評価の高い工学分野の学術雑誌に記載された研究者の英文要旨を Move 使用の観点から比較し分析する。著名な国際誌に論文が掲載されている研究者は、工学分野のコミュニティで活動を行っており、コミュニティの言語使用を熟知している。英語論文の談話構造にも慣れていると考えられる。様々な分野の工学系研究者の作成した要旨において、Move の使用に共通点はあるか、あるとすればどのようなものか。また、分野によって Move の使用に差はあるか。あるとすればどのようなものか。大学院生に対するライティング指導の観点から調査を行う。

　下記の RQ を設定する。
①　工学系英語論文の要旨で最も頻繁に使用されている Move はどれか。
②　工学系英語論文の要旨で使用頻度の低い Move はあるか。
③　工学系英語論文の要旨で最も頻繁に使用されている Move 構造はなにか。
④　工学系英語論文の要旨で使用されている Move 構造に分野の差はあるか。

3.2　データ

　石川（2019）で作成したデータの一部を使用する。また、応用物理と機械工学のデータを新たに追加している。学術誌の選定にあたっては、石川（2016）で使用した学術誌の中から、「化学系」「材料系」「物理系」「情報系」「建築系」の工学分野の学術誌を1誌ずつ選んでいる。学術誌はいずれも Impact Factor 値の高いものとなる。なお、総合的な学術誌の場合には、それぞれの分野に合った論文を対象とし、それぞれの分野から、要旨10本ずつをランダムに抽出している。以下、本データを AbR と呼ぶ。

なお、学術誌の投稿規定の中には、要旨の語数や内容に関する規定が記載されている場合もある。例えば、化学系分野の学術誌として本研究で使用する *Chemical Engineering Science* では、投稿者用のガイドとして、要旨の内容に関しては、下記のように「目的」「結果」「結論」の記載を求める記述がある。また、独立したテキストとして構成されることが求められている。原則として、参考文献を入れないことや略語を使わないことなどについても言及がある。

Abstract

A concise and factual abstract is required. The abstract should state briefly the purpose of the research, the principal results and major conclusions. An abstract is often presented separately from the article, so it must be able to stand alone. For this reason, References should be avoided, but if essential, then cite the author(s) and year(s). Also, non-standard or uncommon abbreviations should be avoided, but if essential they must be defined at their first mention in the abstract itself.

(https://www.elsevier.com/journals/chemical-engineering-science/00092509/guide-for-authors)

なお、ここでは、長さについては、briefly という副詞のみの記載であるが、具体的な数字を挙げているものもある。例えば、建築系学術誌の *Journal of Architectural Engineering* では、語数に関して、下記のように、150-175語とする規定がある。

Abstract

Write an abstract of 150-175 words for all papers and technical notes (Fig. 4). An abstract should not contain jargon, but should be written in plain language and include a summary of the key conclusions. It should be written for a general engineering audience such as recent graduates/beginning graduate students. To be most useful to the engineering community, the following should be clear: the purpose of the work, the scope of the effort, the procedures used to execute the work (if of special interest), and the major findings. The abstract must include this information because abstracts are often used separately for information retrieval and may be the only part of the paper a reader ever sees. Revised abstracts are routinely requested from authors before papers are assigned for review if the abstract is incomplete. Do not include mathematics or references to other literature in an abstract.

(http://www.cee.nuk.edu.tw/lien/AuthorGuideJournals_ASCE.pdf)

　要旨の内容に関しては、「研究目的」「研究領域」「手順」「結果」を含めるように求めている。また、ここでも、要旨が独立したテキストであることが強調されている。

　物理系の学術誌である*Journal of Applied Physics*では、語数はさらに多く、およそ250語とされる。

　The abstract should serve as an index (including all subjects, major and minor, about which new information is given) and as a summary (presenting the conclusions and all results of general interest in the article). It should be one paragraph with approximately 250 words. The abstract should not contain displayed mathematical equations, footnotes, references, graphics, or tabular material.

(https://aip.scitation.org/jap/authors/manuscript)

　また、機械工学系学会の The American Society of Mechanical Engineers

では、学術誌の要旨の語数は 250 語までとされ、下記のように、「研究目的」
「研究領域」「結果」を示すことが求められている。

An abstract (250 words maximum) should give a clear indication
of the objective, scope, and results so that readers may determine
whether the full text will be of particular interest to them.
(https://www.asme.org/wwwasmeorg/media/resourcefiles/shop/
journals/asme_guide_for_journal_authors_final.pdf)

本研究で使用する学術誌は表 2-4 の通りである。それぞれ、語数について
の規定を示した箇所を一緒に示す。また、AbR の延べ語数と語種数は、表 2-
5 に記す。
　規定の語数の記述には差があり、物理よりも建築の方が少なく記述されてい
るが、実際の述べ語数を見てみると建築の方が数値が大きくなっている。その
ため、規定に記述された数字によって調整を加えることは行わない。

表 2-4　AbR が記載された学術誌と要旨の語数に関するそれぞれの規定

分野	学術誌	規定語数
化学	Chemical Engineering Science	briefly
機械	Journal of Applied Mechanics	250 words maximum
物理	Journal of Applied Physics	approximately 250 words
情報	IEEE Transactions on Neural Networks and Learning Systems	reasonable length
建築	Journal of Architectural Engineering	150-175 words

表 2-5　AbR の延べ語数と語種数

語数	化学	機械	物理	情報	建築	Total
延べ語数	1,983	2,040	1,690	1,807	1,880	9,375
語種数	763	734	708	676	717	2,147

3.3　手　法

先行研究を踏まえ、Swales and Feak（2004）と Hyland（2004）をもとに、調査対象となる要旨を談話機能で分けていくことにした。ただし、上記で見た5つに当てはまらない機能があれば、「その他」とすることにした。そのため、下記の6つで分類を行うことになった。

① Move 1：研究の背景
② Move 2：研究の目的
③ Move 3：研究の方法
④ Move 4：研究の結果
⑤ Move 5：考察
⑥ Move 6：上記の Move 1 ~ Move 5 以外のもの

　Move 1 は、研究分野を提示し、研究の背景や研究分野の重要性を示す談話機能となる。研究に関する一般的な事象を取り上げて、研究動機を示す。

　Move 2 は、当該研究においての研究の目的、研究の課題や仮説、筆者が当該研究で何を行うかを述べているテキストとする。

　Move 3 は、研究のデザインや研究方法、手順などについて述べられたテキストで、どうやって研究を行ったのかを詳しく述べているものとする。

　Move 4 は、研究結果や結果として得られたデータを説明するものとする。

　Move 5 は、結果についての考察や評価、意味付けや引き出された結論、残された課題など、研究成果を述べたものとなる。

　上記に分類できず、「その他」に当たる Move 6 に分類されたテキストはほとんど見られず、Move 6 は、当該研究に対する評価の記述の1例のみとなった。Move 6 は、結果の応用の可能性や課題を示す「考察」とことなり、当該研究の重要性や新規性のみを記述している。下記に Move 6 の事例を示す。

　To the best of our knowledge, this is the first study on the cytotoxicity profile improvement of graphene using DESs as functionalizing agents, and its cellular biological behavior.

（Chemical Engineering Science, 195, p.95）

　以上、すべてのテキストは、Move 1 から Move 6 に分類できた。なお、Move の分類にあたっては、物理系および化学系の大学院生2名の協力を得て確認を行っている。

　また、本研究では、Swales and Feak（2004）を踏まえ、Move を文法上の区分とは考えず、情報によって分類を行っている。1つの Move の最小単位は1連の語または句と考え、最長の場合は段落全体をカバーするとされる。そのため、「文」単位で取り上げた場合には、2つ以上の Move 機能を持っている「文」がいくつか確認されることとなる。その場合には、主節・従属節などとは無関係に、前から、出てきた順に、Move を数え上げていくこととした。

3.4　データ処理のための下準備

　まず、すべてのテキストに対して、上記の Move 番号を付与している。先に述べたように、最小単位を一連の語または句としているために、下記のような例が生じる場合がある。

　　例1　文1：Move 3 方法 ― Move 4 結果
　　　　　文2：Move 4 結果 ― Move 5 考察
　　例2　文3：Move 3 方法 ― Move 4 結果 ― Move 3 方法 ― Move 4 結果
　　　　　文4：Move 4 結果

　Move は1連の機能ととらえているので、文1と文2によって、Move 3 ―Move 4 ― Move 5 の構造が確認できたと考える。また、文3と文4においては、Move 3 ― Move 4 ― Move 3 ― Move 4 の構造が確認できたと考える。なお、1つの Move 内の文の数はカウントしない。

　それぞれの要旨における Move 構造を連続する数字で記述し、分野別にそれぞれ10ずつの連続する数字を得た。

4.　結果と考察

　上記記述の方法で得られた 50 個の連続数字を、分野別に 10 個ずつ下表に示す。

表 2-6　AbR の分野別研究者要旨の Move 構造

	化学 RCh	機械 RMech	物理 RPhy	情報 RCom	建築 RArt
論文 1	234	234	12345	234	124
論文 2	1345	1234	123	12345	12345
論文 3	234	1235	12345	12345	1234
論文 4	1234264	1234	2345	12345	1343
論文 5	12345	1234	23	234	234
論文 6	12345	21234	12345	12345	212
論文 7	12345	2345	2345	1234	1245
論文 8	12345	12345	235	1235	12345
論文 9	345	2345	12345	1234	235
論文 10	1345	1245	12345	234	134

　本研究で設定した4つの RQ に答えるために、それぞれの Move の使用頻度と Move の連鎖を上表をもとに捉えなおす。まず、使用される順序は関係なく、使用されているかどうかについてまとめてみる。下表は、それぞれの分野における Move 使用数となる。それぞれの分野によって、Move の使用合計数は、化学 44、機械 41、物理 41、情報 41、建築 37 となっており、化学と建築には他と差が見られた。なお、化学の論文4のように、繰り返し同じ Move を使用しているものがある。ここでは、何度使用していても、回数は無関係とし、特定の Move を使用している論文の数を数えた。総計割合は、50 本の論文の総数で割ってパーセンテージとし、表2-7 に示している。

　次いで、それぞれの分野で主に使用されている Move 構造の数をまとめる。表 2-8 には、総計が2以上となる Move 構造のみを記載している。表からは、

表 2-7　各 Move の分野別使用数

	化学	機械	物理	情報	建築	総計割合
Move 1 [B]	7	7	6	7	8	70.0
Move 2 [P]	7	10	10	10	8	90.0
Move 3 [M]	10	9	10	10	7	92.0
Move 4 [R]	10	9	7	9	8	86.0
Move 5 [C]	7	5	8	5	4	58.0
Move 6 [O]	1	0	0	0	0	2.0

表 2-8　主な Move 構造の分野別使用数

Move 構造	化学	機械	物理	情報	建築	総計
12345	4	1	5	4	2	16
234	2	1	0	3	1	7
1234	0	3	0	2	1	6
2345	0	2	2	0	0	4
1235	0	1	0	1	0	2
1245	0	1	0	0	1	2
1345	2	0	0	0	0	2

工学系論文全体で最も多く使用されている Move 構造は 1-2-3-4-5 で、本調査論文要旨の 32%を占めていることが分かる。

　以上の結果を踏まえ、RQ1 から RQ4 までを順に見ていきたい。

4.1　RQ1 工学系英語論文の要旨で最も頻繁に使用されている Move は どれか

　表 2-7 から、本稿で調査した工学系論文の英文要旨においては、Move2、Move3、Move4 が頻繁に使用されていることが分かった。これらは、研究の目的・方法・結果を示すものであり、研究の根幹をなす。特に方法については、建築を除く各分野で、90%以上がどのようにして行った研究であるかを伝えていることが分かった。

　それぞれの学術誌の投稿者用ガイドで見たように、特に、目的・方法・結果については、多くの学術誌が記載を求めている。建築については、明確な記載

がなかったが、8割程度の要旨で、背景・目的・方法・結果が記されていることも分かった。一方で、化学では、規定で求められていた結論については、記載された要旨は7割にとどまっていることも分かった。

4.2　RQ2 工学系英語論文の要旨で使用頻度の低いMoveはあるか

Move 6を除くと、表2-7からは、Move 1とMove 5の使用頻度がやや低くなっていることが分かる。それでも、Move 1は、平均して7割の使用となっており、Move 5は、6割弱である。後者では、機械、情報、建築が5割にとどまっている。

Move 1については、Hyland（2004）で指摘されていたように、自然科学系でも特にHard Scienceと呼ばれる分野においては、Move 1を使用しない書き手も多く、使用は30％にとどまったとされる。また、Huckin（2006）は、生物医学論文では、「目的」の記述が2割程度であったことを報告している。そのため、工学においても、Move 1とMove 2が低いことは予想されていたが、表2-7から、Move 2については90％、Move 1についても70％が使用されていることが分かった。投稿者用ガイドでは、Move 2の記載を求めているが、Move 1については、特に規定がない。そのため、決められた語数の中では、割愛された可能性が考えられるが、本研究では、7割という高い数値であったことに注目したい。専門分野が高度に分化される現在、なぜ、当該分野の研究が必要となるのか、記載を行うことが工学では重要になってきていることが考えられよう。

一方、Move 5については、化学で7割、物理で8割となったほかは、記載が半分程度にとどまっていることが分かった。語数の制限があり、工学系英語論文の要旨では、研究結果の意味付けについては、むしろ、Move 1よりも割愛される傾向が強くなっていると言える。

4.3 RQ3 工学系英語論文の要旨で最も頻繁に使用されている Move 構造はなにか

Hyland（2004）は、工学系論文の要旨では、Move 2-3-4 の［P］［M］［R］のパターンが40％近くを占めたとする。先行研究とは異なり、多くの要旨が5つの Move を順序良く取り込んでいる傾向があることが分かる。形式が自由な unstructured abstract にもかかわらず、調査対象の32％が1-2-3-4-5 の Move 構造となっている。特に、物理、化学、情報では、40％–50％の高い割合となっている。「結論」にあたる Move 5［C］、または、「背景」にあたる Move1［B］のどちらかを欠いた1-2-3-4 と 2-3-4-5 を合わせると、全体としても52％が先行研究で示された通りの順序で4つ以上の Move を使用した構造となっていることが分かる。

Hyland（2004）で使用された要旨が出版されてから20年以上が経過し、工学系研究者コミュニティにおいても、論文要旨の Move 構造は固定化が強くなってきている可能性がある。5つの Move 連鎖は、工学系論文要旨で繰り返し使用されてきており、工学系大学院生の工学系英語論文要旨のライティング能力を伸ばす上で、Move 構造に着目した指導は、ますます効果を発揮していくことが期待できそうだ。

4.4 RQ4 工学系英語論文の要旨で使用されている Move 構造に分野の差はあるか

本研究の調査結果において、最も頻繁に使用されていることが明らかにされた1-2-3-4-5 の Move 使用を分野別に見てみると、機械と建築が低くなっていることが分かる。機械分野については、最初の「背景」もしくは最後の「結論」を欠いた1-2-3-4 もしくは 2-3-4-5 を加えると、6となり、Move を4つ以上使用している場合が多いという点においては、他の分野との差は小さい可能性もある。しかし、実際に、1-2-3-4-5 の Move 構造を使用している要旨が1つしかないことは注目に値する。今回の調査はデータ数が限られているため、機械分野における Move 構造の使用に関しては、さらなる調査が必要であると思われる。

　建築分野については、最も頻繁に見られた 1-2-3-4-5 の Move 構造であっても、2 つの要旨で使用されているだけで、全般的に、Move 構造に大きなばらつきが見られた。建築分野の英語論文要旨についても、さらなる調査を行い、どのような Move 構造が頻繁に使用されているのかを明らかにしていく必要があると考える。

　ここで、表 2-8 に記載されている、使用の総計が 2 以上となる 7 種の Move 構造の使用を用いて、コレスポンデンス分析を行い、分野による Move 構造使用の類似度を見てみることとした。その結果、下記のように、工学系 5 分野が布置された。第 1 軸の寄与率は、48.0%、第 2 軸は、29.8% であり、2 軸までの累積寄与率は 77.8% となる。

　48% の寄与率となる第 1 軸では、化学が大きく正の位置に、物理も正の位置に布置されている。第 2 軸では、物理のみが正の位置に布置され、その他の分野は負に位置されている。結果として、物理分野のみが第 1 象限に布置されていて、独自の Move 構造の使用が示されたと言える。

　第 3 象限には、機械・建築・情報が布置されている。特に機械は、第 1 軸で

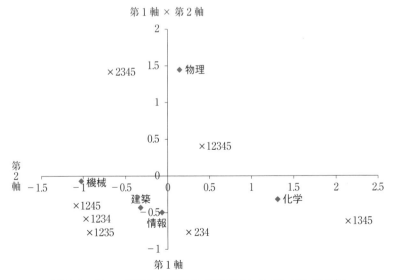

図 2-1　Move 構造と工学系 5 分野のコレスポンデンス分析

最もマイナス方向に布置された分野となり、化学とは対照的な位置関係となっている。第3象限に布置された Move 構造を見てみると、研究の背景や研究の目的を述べている Move を含む、1245、1234、1235 といった Move 構造が布置されているので、機械・建築・情報の分野では、当該分野の専門外の読者にも研究分野の提示を行い、広く研究の動機や研究の重要性などを述べ、研究課題や仮説を提示する機能が組み込まれる傾向にあると言えよう。

　第4象限では、研究方法・結果・考察に重点を置いた 1345 が大きく正の位置に、また、目的・方法・結果の Move を含む 234 も同象限に位置している。化学では、実験の方法と結果に重点を置いた要旨が使用されている可能性がある。

　以上、コレスポンデンス分析を用いて、工学系5分野の Move 構造を可視化した結果、1) 物理、2) 機械・建築・情報、3) 化学に分かれている可能性が示唆された。

5.　結　　論

　本研究では、英文要旨執筆のための大学院生用教材の開発を目的として、評価の高い国際誌に掲載された工学系論文の英文要旨を収集し、4つの RQ を設定して、談話機能の面から分析を行った。5つの Move を中心に結果を検討したところ、先行研究の結果とは一部異なる結果が見られることが分かった。

　まず、RQ1「工学系英語論文の要旨で最も頻繁に使用されている Move はどれか」では、研究の「目的」と「方法」を使用している要旨は 90% であった。また「結果」も要旨の 86% が述べていることが分かった。生物医学論文を調査した Huckin（2006）では、本研究の「背景」と「目的」にあたる Purpose の使用は 22% に留まるとされたが、本研究の調査より、工学系論文では、「背景」の使用は 70%、「目的」の使用は 90% と非常に高くなっていることが分かった。

　RQ2 の「工学系英語論文の要旨で使用頻度の低い Move はあるか」では、それぞれの Move の使用頻度は高く、最も使用頻度の低いものでも 58% となっ

ていた。先行研究で見るよりも偏りは少ないと言える。最も使用の低いもの
は、「結論」で、研究結果の意味付けを行うことが他の談話機能と比べて少な
くなっていると言える。

　RQ3の「工学系英語論文の要旨で最も頻繁に使用されているMove構造
はなにか」では、Moveのつながりを調査した。Hyland（2004）では、「目
的」「方法」「結果」のパターンが40%近くを占めるとされたが、多くは、5つ
のMoveを使っており、「背景」「目的」「方法」「結果」「結論」のパターンが
32%に上り、3つのMoveのみを使用した「目的」「方法」「結果」のパターン
は、14%に留まっていた。工学英語論文では、要旨に5つのMoveを盛り込ん
だパターンが広く使用されてきているという可能性が示された。

　RQ4の「工学系英語論文の要旨で使用されているMove構造に分野の差は
あるか」では、最も幅広く使用されている、「背景」「目的」「方法」「結果」「結
論」のMove構造を中心に見ると、物理分野と建築分野が、他の分野よりも
使用頻度が低くなっていることが分かった。コレスポンデンス分析を行った
結果、Move構造の観点からは、1）物理、2）機械・建築・情報、3）化学の
3つのグループに分かれる可能性が示唆された。ただし、今回の調査は、限ら
れたデータ量の分析となっており、特に、建築分野は、Move構造に大きなば
らつきがあるため、建築分野の要旨に関しては、さらにデータを増やして、分
析を行う必要があると思われる。また、機械分野に関しては、最も頻繁に使用
されているMove構造から、最初の「背景」もしくは最後の「結論」を省い
たパターンを合わせると、他の分野と同じ程度の使用頻度となっていることか
ら、これらの3つのMove構造パターンについて、さらなるデータの分析が
必要であることも示唆された。

　以上、著名な国際誌に掲載された工学系英語論文の要旨を談話機能の面から
分析したところ、先行研究で示されていたよりも、さらに、Move構造が強固
となってきている可能性が示された。大学院生の英文要旨作成能力の育成にお
いては、Move構造を理解させる指導が効果を上げる可能性が十分にあると考
えられる。今後の課題は、大学院生のための教材の開発を目指して、大学院生
の作成した要旨のMoveを分析し、大学院生がどこまでMoveを使用できて

いるか、また、どこで躓いているのかを明らかにすることとなる。

謝　辞

　本稿は、統計数理研究所との共同研究成果リポート『工学分野における学術テキストの分析手法』に掲載した「工学英語論文要旨の談話構造 ― 工学5分野の国際誌の要旨の分析 ―」に、加筆修正をほどこしたものです。なお、本研究は JSPS 科研費 19H01281 の助成を受けています。

参考文献

Bhatia, V. K. (2013). *Analysing genre: Language use in professional settings*. Routledge.

Can, S., Karabacak, E., & Qin, J. (2016). Structure of moves in research article abstracts in applied linguistics. *Publications, 4* (23). doi:10.3390/publications4030023

French, A. (1989). The systematic acquisition of word forms by a child during the first-fifty-word stage. *Journal of Child Language, 16* (1), 69-90.

Glasman-Deal, H. (2009). *Science research writing for non-native speakers of English: A guide for non-native speakers of English*. Imperial College Press.

Graetz, N. (1985). Teaching EFL students to extract structural information from abstracts. In J. M. Ulign & A. K. Pugh (Eds.), *Reading for professional purposes: Methods and materials in teaching languages* (pp.123-135). Acco.

Huckin, T. (2006). Abstracting from abstracts. In M. Hewings (Ed.), *Academic writing in context: Implications and applications Papers in honour of Tony Dudley-Evans* (pp.93-103). Continuum.

Hyland, K. (2004). *Disciplinary discourse: Social interactions in academic writing*. The University of Michigan Press.

石川有香 (2016).「English vocabulary for engineers 9000 の開発」『社会的要因の着目した応用言語学研究における量的アプローチ　統計数理研究所共同研究リポート』*373-374*, 129-148.

石川有香 (2019).「日本人工学英語学習者による修士論文英文要旨の言語特徴」『ESP・JSP教育のためのテキスト分析手法　統計数理研究所共同研究リポート』*425*, 55-76.

石川有香・川口恵子・竹井智子・伊東田恵 (2019, August 30).「工学系大学の英語教育 ― 何を教えるべきか、何を教えてほしいのか」The 58th JACET International Convention (名古屋工業大学) 口頭発表資料.

片山晶子 (2017).『理系学生が一番最初に読むべき！英語科学論文の書き方』中山書店.

Lewis, R., Whitby, N., & Whitby, E.（2004）.『科学者・技術者のための英語論文の書き方　国際的に通用する論文を書く秘訣』東京化学同人.

Menezes, C. A.（2013）. A comparative study of textual and rhetorical features of abstracts written by expert and novice writers. *A Palavrada, 3*, 10-18. Retrieved from https://revistaapalavrada.files.wordpress.com/2014/05/1-a-comparative-study-of-textual-and-rhetorical-features-of-abstracts-written-by-expert-and-novice-writers-cilc3a9ia-alves-menezes.pdf

文部科学省（1980）.「科学技術情報流通技術基準　抄録作成　SIST 01-1980」科学技術振興財団　https://jipsti.jst.go.jp/sist/pdf/SIST01.pdf

中村幸雄（1989）.「講座　論文と抄録の書き方5」『情報の科学と技術』*39*（9）, 353-360.

Santos, M. B. D.（1996）. The textual organization of research paper abstracts in applied linguistics. *Text, 16*（4）, 481-499.

Swales, J. M.（1990）. *Genre analysis: English in academic and research settings.* Cambridge University Press.

Swales, J. M., & Feak, C. B.（1994）. *Academic writing for graduate students: A course for nonnative speakers of English.* University of Michigan Press.

Swales, J. M., & Feak, C. B.（2009）. *Abstracts and the writing abstracts.* University of Michigan Press.

Weissberg, R., & Buker, S.（1990）. *Writing up research: Experimental research report writing for students of English.* Prentice Hall Regents.

第 **3** 章
工学系英語論文要旨に見る時制の使用

石川　有香　（名古屋工業大学）
ishikawa.yuka@nitech.ac.jp

Past or Present?
Tenses Used in Research Article Abstracts

ISHIKAWA Yuka　（Nagoya Institute of Technology）

Abstract

The choice of tense is one of the most common problems for Japanese learners of English. However, there are very few learning materials to guide graduate engineering students in using the appropriate tense in research article abstracts. This study examined 50 research article abstracts in engineering, focusing on the use of tenses, with the aim of developing learning materials for Japanese students. We found that 1) 78.5 % of verbs (excluding modal verbs) were in the present tense, 2) 97.8% of verbs in computer science were in present tense but almost half of the verbs in chemical engineering were in past tense, 3) in research results, 31.4% of verbs were in past tense, and the figure increased to 73.7% if limited to chemical engineering abstracts, and 4) in research design, methods, and materials sections of architecture abstracts, 62.5% of the verbs were in past tense and passive voice. It might be concluded that Japanese graduate students of computer science, applied physics, and mechanical engineering generally use present tense in research article abstracts, and that students of chemical engineering and architecture need to learn to use the appropriate tense.

1.　は じ め に

　工学系大学では、大学院生に英文要旨（abstract）の作成能力を求める声が大きくなっている。一方で、日本人工学系大学院生を対象とした市販の英語論文要旨執筆のための学習教材はまだ少なく、多くの大学院生は、研究室の先輩が作成した英文要旨を見ながら、手探りの状態で英文要旨を作成しているのが現状である。そのため、工学系大学では、英文要旨作成に役立つ教材の開発が急務となっている。

　工学系の英語論文要旨の分析研究はこれまでにも行われてきた（Swales & Freak, 2009 他）。また、日本人の工学系研究者を対象とした英語論文の作成方法に関する教材も複数市販されてきた（小野、2016；日本物理学会、1999 他）。しかしながら、工学系英語論文要旨における学問分野による言語特徴の差異の研究や、日本人大学院生を対象とした分野別の英語論文要旨作成教材の開発はまだ十分には行われていない。特に、時制の使用は、日本人英語学習者にとって、最も苦手な学習項目の一つとなっていることが指摘されてきたが（大堀、2004；荻原、2020 他）、日本人工学系大学院生を対象に、英語論文要旨における時制の使用に焦点を当てた調査研究や教材開発はほとんど行われてこなかった。

　本稿では、時制の使用に焦点を絞り、まずは、工学系英語論文要旨において、どのような使用が行われているのかを分野別に調査することとした。本稿で使用するデータは、石川（2019, 2020）で使用した、著名な国際誌に掲載された研究者の英文要旨 50 本となる。なお、本稿では、abstract に対して「要旨」という語を用いる。

2. 先 行 研 究

2.1　動詞の2つの時制と2つのアスペクト

　松浪・池上・今井（1983）は、英語の動詞について、「形態的にはっきり時間的標識として区別できるのは、現在形と過去形である」（p.500）とする。未来表現は、will/shall や be going to などの形式をとるが、未来時制として扱われることは少ない。また、松浪らは、アスペクトとして、完了形と進行形を認めている。なお、現在時制としては、次の5つの用法が基本的用法として記されている（pp.501-502）。

①　状態動詞を用いて現在の状態を表す

②　動態動詞を用いて現在の習慣・反復を表す

③　永遠の真理（絶対的真理）を表す

④　瞬間的認識、実況放送、遂行的宣言等を表す

⑤　過去の出来事をその場で起こっているように表す

　このうち、論文要旨で問題となるのは、③真理を表す現在であろう。過去に行った実験であっても、一般に「真理」として認識されている場合には、現在形を用いることになるからである。

　一方、過去時制の基本的用法としては、次の4つが挙げられている（pp.502-503）。

①　動態動詞を用いて、過去のある特定の時点で生じた動作を表す

②　状態動詞を用いて、過去に存在した状態を表す

③　過去における習慣・反復行為を表す

④　現在における非事実の過程を表す

　過去時制を用いる場合には、話し手の関心が、今ではなく、過去のある時点

の場面にある。したがって、話し手は、物事が、「いつ、どこで、どのように
して、なぜ生じたか」に関心を持っており、「現在における世界の構造には関
心がない」とされる（Declerck, 1994, p.128）。それに対して、現在完了形の
場合は、話し手の関心が過去の出来事よりも、現在の世界の構造にあるという
ことを示す（Declerck, 1994, p.133）。

2.2　英語要旨における時制の重要性

　要旨においては、研究の背景としての現状を述べる場合や一般的に真理と
して受け取られている出来事を描写する場合など、現在形がふさわしいと思わ
れる記述もある。一方で、実験に使用した材料、実験手順などでは、過去の状
態、過去の動作を描写する必要が生じてくる。また、実験結果については、1
つの実験の結果であると同時に現在の世界の構造に関わっている場合もあると
考えられる。

　一般に、科学論文では、時制の使用は、研究の位置づけを表す重要な手段の
ひとつと認識されてきた。小野（2016）は、実験や計算を行ったのは過去の
ことなので、過去形または現在完了形を使用するが、得られた結果や結論は、
再現性のあるものとするならば、現在形で書くべきだとしている。また、同じ
実験の記述であっても、時制の使用によって、過去の実験結果の事実を示すの
か、常に反復可能な事実として示すのかの違いが生じることを指摘している。

　しかし、要旨では、字数制限があるため、言及している研究や、自分の研究
に対するスタンスなどを十分に表すことができない場合もある。そのため時制
は、より重要な役割を担うとされる（Glasman-Deal, 2009）。中山（2018）でも、
要旨における時制の重要性が指摘されており、特に、読者に全体のストーリー
を把握させるためには、時制の変化を利用することが重要であるとされている。

2.3　英語要旨における時制の使用

　先行研究では、要旨における時制使用をどのように捉えているのだろうか。
推奨されている時制使用の記述を、（1）過去形の標準使用、（2）現在形の標
準使用、（3）それ以外の3つに分類しつつ、まとめておきたい。

（1）　過去形の標準使用

Henderson（1967）は、要旨の種類によって、時制の使用が変わってくると指摘している。研究結果を記載し、研究結論を論じる学術論文の要旨は informative abstract と定義され、そこでは、過去形を用いると主張している。

Criteria suggested for an adequate abstract include that the content should show purpose, method, results, conclusions, and specialized content as required; … that informative abstracts be in active voice, past tense and discuss the research while indicative abstracts have passive voice, present tense and discuss the article describing the research.（p.62）

Graetz（1985）は、過去形使用が、学術論文要旨の言語特徴のひとつであるとして、次のように述べている。

The abstract is characterized by the use of past tense, third person, passive, and the non-use of negatives.（p.23）

Lewis, Whitby and Whitby（2004）は、要旨とは、すでに行ったことについて述べるものであるため、要旨の時制は、一般的に、過去形になると主張する。ただし、絶対的真理については、現在形を使用するので、今後も真理であるものについては、過去形を用いないよう注意を喚起している。

Gastel and Day（2016）では、すでに発表された研究は現在形で書くべきだとする一方で、当該研究については過去形で書くべきだと言っている。ただ、要旨は当該研究の概要を述べるものなので、その性質上、過去形が大半を占めると主張する。その上で、全ての動詞に過去時制を用いた要旨を使用例として提示している。

Atlas（1996）も、記述に応じて時制の使用が変化することを指摘している。しかし、要旨については、その大半は過去時制を使用するとしている。

Most of abstract, Materials and Methods, and Results sections will be in past tense, and most of Introduction and some of Discussion will be in present tense.（p.520）

　小野（2016）は、記述に応じて時制の使用が変化することを指摘し、「どうしても現在形なり過去形なりに統一しなければならないと思いこむことは迷信に近い」（p.101）と、時制使用を限定することについては、批判を行っている。また、要旨に関しては、過去形で書く場合も、現在形で書く場合もあるとした上で、「研究成果をまとめるという意味で、過去形で書くことを奨める」としている。

（2）　現在時制の標準使用
　国内の工学系学会では、学会誌への投稿欄に英文要旨のガイドラインを記載している場合がある。日本人間工学会（n.d.）では、英文要旨について下記のように定め、例文を提示している。

　　抄録は現在形で書くのが普通である。ただし研究の実行、その具体的内容、結果の説明の場合には、現在完了形、過去形を用いることもある.

　　a. An evaluation of fatigue on driving performance has been studied … .
　　b. Measurement was made over a range of temperature … .

　過去形を排除するものではないが、標準的な時制の使用を現在形に置いていると言える。
　また、精密機械工学会（n.d.）は、過去形や現在完了形の使用も認めながらも、要旨における時制の使用は、標準を現在形に置いている。

　　摘要は現在形で書くのが普通である。ただし研究の実行、その内容、結果の具体的な説明の場合に現在完了形、過去形を使う場合もある。

　理工系大学院生が英語論文を執筆する際のマニュアルとして執筆されてい

る廣岡（2001）では、論文の各セクションとそこで使用される時制について、分かりやすく、関連付けを行っているのだが、そこで、要旨は、現在完了形または現在形の使用と結びつけられている。過去形と結びつけられているのは、論文の導入部分や実験またはモデルや理論部分、結果と考察の3つのセクションとなる。さらに、「Abstract では過去形を使いません」（p.51）と明示して、過去形の使用を強く否定した上で、要旨で過去形を使用しない理由を以下のように挙げている。

　　　　過去形には現在はその状態であるか否かの保証がないとう［sic］ニュアンスがあるので、あなたの論文の内容が「過去のもの」であってはならないからです。（p.51）

　また、要旨中の結論の表現に触れているものではないが、「研究の将来性や波及性に言及する Conclusion の中では、未来形を使う」（p.51）という記述もある。

　中山（2018）は、要旨の時制に決まりはないが、全ての文を過去形で書くことはやめるべきであると、強く、過去形使用を批判している。要旨では、結果を解釈し、普遍的事実として伝えることを念頭に、「現在形を中心に使い、過去形を使いたくなる箇所には現在完了形を使う」（p.310）という方法を一例として推奨し、過去形の使用を最小限にとどめることを求めている。その上で、全てを現在形で書くことも可能であると指摘する。

（3）　様々な時制の使用

　過去形を標準使用とする主張に対して Swales and Feak（1994）は、要旨における時制使用は複雑で、「結論」を記述した部分では大方の場合において、現在時制が使用されており、また、「導入」の記述部分においても、しばしば現在時制または現在完了時制が使用されているとして、Move によって、時制が異なる可能性を指摘し、過去形が時制の標準使用であるとは言えないとしている。さらに、多くの場合において過去時制で記述されると考えられてきた「結果」部分においても、分野によっては、現在時制を使用する傾向

があることを指摘している。特に、物理学、化学、宇宙物理学など、物理科学（physical sciences）においては、社会科学と比較して、現在時制使用への傾向が強いと主張している。例として提示された Pachucki, Leibfried and Hänsch（1993）では、下記のように全体において現在時制が使用されている。

In this paper the second-order nuclear structure correction to the energy of hydrogenlike systems is estimated and previous results are corrected. Both deuterium and hydrogen are considered. In the case of deuterium the correction is proportional to the nuclear polarizability and amounts to about -19 kHz for the 1S state. For hydrogen the resulting energy shift is about -60 Hz.

なお、物理科学で現在時制の使用が多くみられる理由としては、他の手段と共に、時制使用によって、現在との関連性を高め、著者の立場を明確にすることができるということが考えられるとされる。

ここで、要旨に含まれる可能性のある Move として Swales and Feak（2009）で示された、5つの Move を見ておきたい（第2章参照）。下記に示すように、それぞれの Move は、該当する問いに対する答えであるとされ、Move の特徴を示すラベルがつけられている。右端には、問いの記述に使用された時制を記載している。

表 3-1　Swales and Feak（2009）が示す要旨に含まれる 5 つの Move と時制

Move	ラベル	問い	時制
Move 1	背景・導入・状況	・What do we know about the topic? Why is the topic important?	現在
Move 2	本研究の目的	・What is this study about?	現在
Move 3	研究方法・材料・対象	・How was it done?	過去
Move 4	結果	・What was discovered?	過去
Move 5	考察・結論	・What do the findings mean?	現在

（Swales and Feak, 2009, p.5 を筆者が改編）

　時制を見ると、順に、現在、現在、過去、過去、現在となっている。たとえば、研究の背景にあたる Move 1 では、What do we know about the topic? もしくは Why is the topic important? に対する問いの答えが要旨に記されているとされる。ここでは、現在形で問いが記されており、答えにあたる実際の記述も現在形が使用されていることが予測される。また、研究方法にあたる Move 3 では、How was it done? の答えが記されているとされ、研究が行われた時点を指しているために、答えの記述も過去形になると予測できる。さらに、研究結果に対する考察や結論の Move 5 では、研究結果が、現在の現実世界においてどのような意味を持つのかを記述することになるために、現在形が使用されることが予測できると言えよう。

　Glasman-Deal（2009）も、第2章で見たように5つの Move を含んだ要旨をサンプルとして提示している。ここでは、Move の始まる箇所にその種類を［　］で示す。また、それぞれの主動詞に下線を施している。

　　［Move1］The speed of sound in a fluid <u>is</u> determined by, and therefore an indicator of, the thermodynamic properties of that fluid. ［Move2］The aim of this study <u>was</u> to investigate the use of an ultrasonic cell to determine crude oil properties, in particular oil density. ［Move3］An ultrasonic cell <u>was</u> constructed to measure the speed of sound and tested in a crude oil sample. The speed of sound <u>was</u> measured at temperatures between 260 and 411 K at pressures up to 75 MPs. ［Move4］The measurements <u>were</u> shown to lead to an accurate determination of the bubble point of the oil. ［Move5］This <u>indicates</u> that there is a possibility of obtaining fluid density from sound speed measurements and <u>suggests</u> that it is possible to measure sound absorption with an ultrasonic cell to determine oil viscosity. （［　］内記述、下線、筆者）

（Glasman-Deal, 2009, p.200）

Move 1 と Move 5 において、現在形が使用されていることが分かる。

　中山（2018）も、要旨の中の時制使用は、Move によって変化しうることを指摘している。たとえば、導入部分における研究の背景の説明、また、当該研究についての記述では、現在完了形や現在形の現在時制が使用されるが、実験の報告部分となる Move3 では過去時制が、そして、さらに、結論部分では現在形または未来への強い意志表現 will が使用される可能性があるとしている。

　ただ、Move と時制の関係は、1 対 1 対応ではない。Glasman-Deal（2009）では、1 文に複数の時制が使用されている例も含め、それぞれの Move において、複数の時制が使用されている例も示されている。さらに、第 1 章で見たように、5 つの Move がいつも使用されているわけではない。Swales and Feak（2009）も指摘しているように、5 つの Move は、必ず使用されるべき Move ではなく、使用される可能性のある Move となる。また、使用に偏りも見られる。Swales and Feak（2009）は、「目的」と「結果」はおおよそ共通して使用されているが、「結論」を欠くものが最も多いとしている。Glasman-Deal（2009）は、5 つの Move のうち、「方法」と「結果」に重点を置いた要旨が多いと指摘している。要旨全体としての時制の使用に関しても、偏りが出る可能性も高いと考えられる。

　さらに、特定の Move における特徴的な時制使用や推奨する時制使用も意見の一致を見ているわけではない。たとえば、西村（2019）は、要旨での時制使用について、Move 3 となる研究作業や研究過程は過去形または過去完了形で記載するが、Move 4 と Move 5 となる研究結果と結論は現在形で記載するとしており、中山（2018）や Swales and Freak（2009）の主張とは、一部、異なっていることが分かる。

　また、時制の使用は、Move や分野の影響だけではなく、使用する動詞によっても異なってくるとされる。たとえば、Swales and Freak（2009）は、実際に、著者がどの時制を選択する傾向にあるのかについて調査し、調査タイプに関する語（たとえば、experiment, survey, analysis）や、やや一般的な語となる study が使用される場合には、過去形が好まれるが、ジャンル名に関する語（たとえば、paper, article）が使用された場合には、一般的に、現

在形が選択されるとしている。

3. 調 査

3.1 研究目的とRQ

先行研究では、英語論文要旨では過去時制を使うとするものもあれば、現在時制を使うとするものもあることが分かった。また、Move によって、使うべき時制を分けているものもあるが、一定していないことも分かってきた。いったい、工学系英語論文要旨において、過去時制または現在時制の使用は、どちらが多いのだろうか。どちらか一方で記述する分野はあるのだろうか。時制使用によって、分野はグループ分けできるのだろうか。Move によって、時制の使用はどの程度固定化しているのだろうか。

本研究では、5つの工学分野における評価の高い学術雑誌に記載された研究論文の英文要旨を、分野および Move 使用の観点から分類した上で、時制の使用を分析する。本研究では、下記の RQ を設定する。

① 工学系英語論文要旨では現在時制と過去時制のどちらが多く使用されているか
② 工学系英語論文要旨に見る動詞の時制使用は、学問分野に影響を受けているか
③ 工学系英語論文要旨に見る動詞の時制使用は、Move に影響を受けているか
④ 工学系英語論文要旨に見る動詞の使用に、学問分野・Move は影響しているか

Move1, Move5 については、現在時制が、Move3, Move4 については過去時制が使用されていることが予想される。また、Move 3, Move 4 の実験手順や実験結果を重視する分野では、全体として過去形が多くなることも予測できそうである。そのため、分野によって、時制使用に差が出てくることも考えら

れる。大学院生を対象とした教材開発においては、分野別に指導を強化することも必要になる可能性があるだろう。

3.2　データ

石川（2020）で用いたデータ AbR を使用する。「化学系」「材料系」「物理系」「情報系」「建築系」の工学分野の学術誌を1誌ずつ選び、データを収集している。なお、学術誌はいずれも Impact Factor 値の高いものとなる。それぞれの雑誌から、要旨10本ずつをランダムに抽出している。

本稿で使用する学術誌は表3-2の通りである。それぞれ、語数についての規定を示した箇所を一緒に示す。また、AbR の延べ語数と語種数は、表3-5に記す。

執筆者用投稿規定の記述では、語数に差があり、物理よりも建築の方が少ない要旨が求められているが、実際の述べ語数を見てみると建築の方が数値が大きくなっている。そのため、規定に記述された数字によって調整を加えることは、本研究においても行わない。

表 3-2　AbR が記載された学術誌と要旨の語数に関するそれぞれの規定

分野	学術誌	規定語数
化学	Chemical Engineering Science	briefly
機械	Journal of Applied Mechanics	250 words maximum
物理	Journal of Applied Physics	approximately 250 words
情報	IEEE Transactions on Neural Networks and Learning Systems	reasonable length
建築	Journal of ArchitecturalEngineering	150–175 words

表 3-3　AbR の延べ語数と語種数

	化学	機械	物理	情報	建築	Total
延べ語数	1,983	2,040	1,690	1,807	1,880	9,375
語種数	763	734	708	676	717	2,147

3.3　手　法

第2章においてデータは、1) Move 1：研究の背景、2) Move 2：研究の目的、3) Move 3：研究の方法、4) Move 4：研究の結果、5) Move 5：考察、6) Move 6：上記の Move 1 〜 Move 5 以外のものの6つの Move に分類を行っている。本研究でも同じ分類を用いる。

　英語の動詞は複数の種類に分類できるが（Quirk et al., 1972）、本稿では、そのうち、法助動詞を調査対象から除く。法助動詞は話し手の心的態度を表すもので、テキスト内容と結びついている時制とは関係を持たないからである（安井、1977, 1978; 田中、2004）。法助動詞を使用している場合を除き、時制が特定できる動詞に関しては、節の中にある場合においても、全て調査の対象とした。その結果、全てを現在形、現在完了形、過去形に分類することができた。なお、to 不定詞や動名詞も調査対象としていない。

　調査の実例を見ておきたい。たとえば、建築に関する論文要旨のうち、Move 1 に分類されている下記のテキストでは、時制が特定できる動詞は、have と affect の2つとなる。どちらも Move1 の機能を担っているため、Move1 に現在形が2つあるとして記録した。同様に、全ての動詞の時制を記録していった。

　　Buildings have time-varying interactions with the local climate condition for the heating or cooling systems; changes of the surrounding climate condition affect building energy consumption.
　　　　　　（Architecture 7, DOI:（ASCE）AE.1943-5568.0000124）

4.　結果と考察

　時制調査の結果、分野別の時制の使用は表3-4 のようになった。それぞれの分野での使用合計数が異なるために、分野ごとに使用割合（パーセンテージ）に換算して、図3-1 に表示する。

　次に、それぞれの分野における時制使用を、Move 別に集計すると表3-5 –

表3-4　分野別の時制の使用数

	化学	機械	物理	情報	建築	合計
現在形	51	104	79	84	78	396
現在完了形	5	2	2	6	3	18
過去形	48	11	12	3	15	89
合計	104	117	93	93	96	104

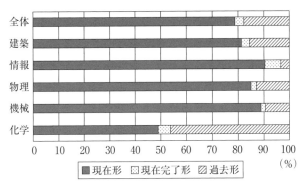

図3-1　各分野における現在形・現在完了形・過去形の割合

表3-5　化学系分野

	M1	M2	M3	M4	M5	M6
現在	20	4	10	10	6	1
現完	4	0	1	0	0	0
過去	0	6	13	28	1	0

表3-6　機械系分野

	M1	M2	M3	M4	M5
現在	25	16	38	19	6
現完	2	0	0	0	0
過去	2	0	9	0	0

表3-7　物理系分野

	M1	M2	M3	M4	M5
現在	9	8	31	19	12
現完	2	0	0	0	0
過去	5	2	1	4	0

表3-8　情報系分野

	M1	M2	M3	M4	M5
現在	17	11	36	14	6
現完	0	1	1	4	0
過去	0	1	1	1	0

表3-9のようになった。なお、M6は化学のみで見られたため、その他の分野
における表示は行わない。

　ここで、Move別に時制の分布が分かるように、パーセンテージに換算して

表3-9 建築系分野

	M1	M2	M3	M4	M5
現在	36	13	6	15	8
現完	2	0	1	0	0
過去	0	2	9	4	0

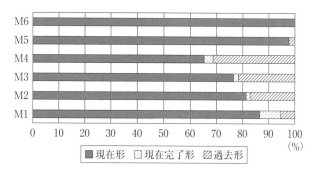

図3-2 各 Move における現在形・現在完了形・過去形の割合

みると、図3-2が得られた。

以上の結果を踏まえ、RQ1からRQ4までを順に見ていきたい。

4.1 RQ 1 工学系英語論文要旨では現在時制と過去時制のどちらが多く使用されているか

実験や計測などの研究調査を行った結果について記述している学術論文要旨においては、過去形の使用が主体となるとする先行研究が見られた（Henderson, 1967; Lewis, Whitby & Whitby, 2004 他）。特に、Graetz (1985) は、過去形の使用が英文要旨の言語特徴のひとつとなるとした。一方で、一般的に広く知られる真理は現在形で書くという英語の規範に照らして、先行研究の結果に関しては現在形を用いるべきであるとする主張（Gastel & Day, 2016 他）や、さらには、当該研究の研究結果も現在形を用いるべきであるとする先行研究も見られる（中山、2018）。

本研究においては、50本の工学系英語論文要旨に見られる時制使用を調査した。その結果、図3-1に見るように、工学系分野の英語論文の要旨におい

ては、過去時制の使用は、17.7%に留まり、現在形と現在完了形を合わせると、現在時制の使用が要旨全体の8割を超えることが分かった。特に、化学系論文を除く、工学系の4分野では、約90%の動詞が現在時制となっている。工学系英語論文要旨では、現在時制が主体となっている可能性が示された。

4.2　RQ2 工学系英語論文要旨に見る動詞の時制使用は、学問分野に影響を受けているか

図3-1からは、どの分野においても、過去形よりも現在形の使用の方が多くなっていることが分かった。特に、情報分野では、過去形使用は約3%にとどまっており、ほとんどすべてが現在時制使用となっている。情報分野の学生に対しては、現在時制の使用を指導することに一定の効果があると言えそうだ。一方、5分野の中で最も過去形使用の割合が高い、化学系英語論文要旨においては、過去時制が46.2%に上ることがわかった。第2章で見た分野別のMoveの使用において、化学系英語論文要旨は、他の分野よりもMove3及びMove4の使用が多くなっていた。そのため、Move使用が影響を及ぼしている可能性も否定できないが、他の分野とは時制の使用がかなり異なる傾向にあると言えそうである。本研究では調査の数が少ないため、正確に傾向を把握するためには、今後、規模を大きくして同様の調査を行うことが必要となる。

4.3　RQ3 工学系英語論文要旨に見る動詞の時制使用は、Move に影響を受けているか

実験手順や調査方法等を記述するMove3や研究結果を提示するMove4では、過去形の使用が多いと言われている（Swales & Freak, 2009 他）。一方で、研究背景や先行研究についての記述となるMove 1や、研究結果に対する考察を記述するMove 5では、しばしば現在形や現在完了形が使用されるとされてきた（Glasman-Deal, 2009 他）。本研究におけるRQ1の結果より、工学系英語論文要旨では、主に現在時制が使用されていることが分かった。それぞれのMove内での時制使用を比較した結果、図3-2より、結論部分を表すMove5では、97%が現在時制を用いていることが分かった。当該研究結果に

対する考察の記述を含め、研究の妥当性を示すためにも、「真理」を記述する現在時制の使用が大部分を占めたと考えられる。また、研究の背景や現在の状況などを記載しているとされる Move1 についても、現在形 86.3%と現在完了形 8.1%を合わせた現在時制が 94.4%を占めていることが分かった。

　一方で、過去時制の使用は、実験過程や手順を記述する Move3 よりも、実験結果を記述する Move4 での使用で最も高くなっていることが分かった。とは言え、Move 4 での過去時制においても 31.4%にとどまっており、現在形 65.3%と現在完了形 3.4%を合わせると、現在時制の使用が 68.6%に上っている。当該研究の手順や計算方法など、過去の行為を記述すると考えられるため、過去形が主流になるという予測に反して、Move 3 でも、また Move4 でも、現在形が主流となっていることが分かった。工学系英語論文要旨では、当該研究の手法や結果は一時的な過去の出来事にとどまらず、「真理」として、記述される傾向があると言えそうだ。

4.4　RQ 4 工学系英語論文要旨の動詞の使用に、学問分野・Move は影響しているか

　表 3-5 から表 3-9 の結果をまとめるために、ここでは、動詞の時制使用を手掛かりに、学問分野と Move をコレスポンデンス分析を用いて分類を行った。その結果、第 1 軸の寄与率 66.5%、第 2 軸の寄与率 23.4%で、図 3-3 の結果が得られた。第 1 軸と第 2 軸の累積寄与率は 89.9%となる。なお、分かりやすいように、過去時制は斜字体で記載している

　5 つの分野は、第 1 軸によって、化学・建築、物理・情報・機械に分類されている。第 1 象限には、化学分野のみが布置され、特徴として、Move2, Move4, Move5 の過去時制が分類されている。化学分野は時制使用においても特徴があり、分野別の指導が必要となる可能性が示唆された。第 2 象限は、物理分野と情報分野が布置され、Move1 の過去時制と Move3, Move4, Move5 の現在時制が特徴となっている。第 3 時限は機械分野と Move2 の現在時制のみが布置されている。第 4 象限の建築分野は、Move1 の現在時制と Move3 の過去時制が布置されることになった。

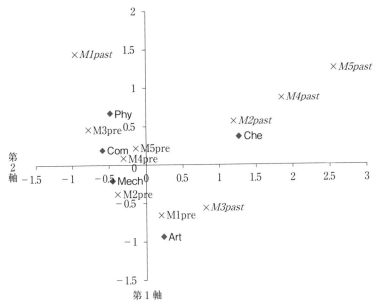

図 3-3　動詞の時制使用を手掛かりとした CA

　第1象限では、化学分野の英語論文要旨が、Move2, Move 4, Move5 での過去時制と一緒に布置されている。表 3-5 を見てみると、Move2 と Move5 では、時制使用そのものの数が少ない。Move3 の過去形は、化学分野でも見られるが、第4象限に建築分野と一緒に布置されている。ここでは、化学分野の Move4 での典型的な過去時制使用例をいくつか見ておくことにする。これらは、下記の(1)-(5)となる。また、第4象限に布置された建築分野の英語論文要旨からは、Move1 での現在時制と Move3 での過去時制の典型的な使用例をいくつか見ておきたい。これらは、下記の(6)-(13)となる。なお、第2象限に布置された物理分野と情報分野の英語論文要旨を見てみると、情報分野では、Move1 に過去時制は使用されていなかった。一方、物理分野の英語論文要旨では、Move1 に過去時制が使用されていたが、1つの論文要旨に限られていることが分かった。そのため、ここでは(1)-(13)を見て、動詞の使用に偏りがあるかどうかを確認しておく。

化学分野　Move 4

(1)　There <u>were</u> considerable improvements in the cytotoxicity profile of DES-functionalized graphene compared to pristine graphene and oxidized graphene, as demonstrated by cell viability, cell cycle progression, and reactive oxygen species evaluation assays.

(2)　When ORP was controlled at $-100mV$, yeast cells <u>exhibited</u> improved growth, furfural degradation and ethanol production.

(3)　Analysis of intracellular redox pairs such as NADH/NAD+ and GSH/GSSG <u>indicated</u> a correlation between extracellular ORP and intracellular redox homeostasis.

(4)　Glycerol <u>improved</u> betulinic acid titer by increasing the expression of key genes in the MVA pathway, and by increasing the supply of acetyl-CoA.

(5)　Maximum yields of hydroge (5.16 mol/kg) and total gases (10.5 mol/kg) <u>were obtained</u> at optimal temperature, feed concentration and reaction time of 675 ℃, 25 wt% and 60 min, respectively.

建築分野　Move 1

(6)　To reduce the energy use and carbon emissions from buildings, there <u>is</u> a need to efficiently renovate existing buildings for improved energy performance.

(7)　The engineer involved in the design of the HVAC systems <u>considers</u> the envelope as the basis for the load calculation, whereas the construction engineer and project manager <u>prioritize</u> cost, maintenance, and constructability.

(8)　Energy-efficient and net-zero-energy buildings <u>are</u> quickly gaining importance and popularity among contemporary building practices.

⑼ Sustainability is often described in terms of the triple bottom line, which refers to its environmental, economic, and social dimensions.

⑽ The most common finance project delivery method used in the federal sector to date is the energy savings performance; however, these contracts are driven by financial, rather than energy consumption or GHG, savings.

建築分野　Move 3

⑾ The NFCs were synthesized with recycled thermoplastic polymers using extrusion and compression molding techniques.

⑿ For example, the barrier of unforeseen conditions, affecting both cost and schedule performance, was addressed through a comprehensive building inspection guide to evaluate existing conditions and reduce risk.

⒀ Mixes with high RAP contents were produced and tested. Design and construction features, including mix design and mixing procedures, were addressed.

化学分野においては、Move4 の研究結果を記述する際に、特定の結果が得られたことに焦点を当てて過去形で記述されている。(1)の Be 動詞での記述や、(2)-(4)の単純過去形の動詞での記述、また、(5)における受動態による記述など、様々な形が見られた。

建築分野において、Move 1 では、(6)に見る Be 動詞や、(7)の単純現在形の他、(8)の現在進行形、(9)-(10)の受動態など、様々な形での現在時制の使用が見られる。どの場合も、研究の背景となった現在の状況や現時点での問題点の指摘となっており、典型的な使用であると言えよう。一方、図3-1 にあるように、過去時制の使用は 15.6% と限られているが、表3-9 から、建築分野では半

数以上の過去時制が Move3 で使用されていることが分かる。Move3 は、研究手順や研究対象、実験デザインや実験材料など、当該研究方法の詳細が記述されているとされており、(11)-(13)でも、研究の手順や対象が記されている。なお、(11)-(13)だけではなく、Move 3 での過去時制の使用に関しては、全てが受動態で記述されていたことも分かった。

5. 結　　論

　本研究では、日本人英語学習者の最も苦手とする文法項目の一つとされる時制を取り上げ、工学系英語論文要旨で使用されている時制の調査を行った。これまで、先行研究においては、1) 過去時制の使用を標準とする場合、2) 現在時制の使用を標準とする場合、3) 内容や Move に応じて使用する時制を変える場合の3通りの記述が見られ、執筆者ガイドラインの記述も一致していなかった。

　工学系5分野における著名な学術誌に記載された英語論文要旨50本を調査したところ、現在では、全体として、現在時制の使用が大半を占めていることが分かった。特に、化学系論文以外では、記述のほぼ9割が現在時制を用いていた。なお、建築系英語論文要旨では、研究デザイン・手法を記述するMove3 と、研究結果を記述する Move4 では、いくつかの過去時制の使用が確認された。特に、Move3 においては、過去時制を用いた動詞のすべてが受動態となっており、過去時制では受動態を用いる傾向が見られた。

　一方、化学系英語論文要旨では、現在時制と過去時制の使用は、ほぼ半数で拮抗していることが分かった。調査を行った化学系英語論文要旨で、Move 別の時制使用を見てみると、Move1 では現在時制の使用傾向が高く、Move4 では過去時制の使用傾向が高いことが分かった。Move3 の時制使用では、先行研究から、過去時制の使用傾向が予想されていたが、全体として比較的過去時制使用傾向が高い化学系英語論文においても、現在時制の使用が約半数に上ることが分かった。なお、調査サンプル数は少ないものの、化学系分野と建築系分野における時制調査対象事例では、Be 動詞、単純過去・単純現在、受動態

など、動詞は、幅広い形で使用されており、特定の結びつきは見られなかった。

　今回の調査では、分析対象となった要旨の数が少なく、また、個別語彙使用の分析は行われていないので、結論を直ちに出すことには慎重でなければならないが、本研究の結果からは、化学系以外の分野では、工学系英語論文要旨作成において、現在時制の使用を中心に指導することに、一定の効果がある可能性が示唆されたと言える。一方で、化学系分野では、現在時制と過去時制の使用を細かく指導する必要性があることも明らかになったと言えよう。

謝　辞

本研究は JSPS 科研費 19H01281 の助成を受けたものです。

参考文献

Atlas, M. C. (1996). *Author's handbook of styles for life science journals*. CRC Press.

Declerck, R. (1994). *A comprehensive descriptive grammar of English*. 安井稔（訳）『現代英文法総論』開拓社.

Gastel, B., & Day, R. A. (2016). *How to write and publish a scientific paper* (8th ed.). Cambridge University Press.

Glasman-Deal, H. (2009). *Science research writing for non-native speakers of English: A guide for non-native speakers of English*. Imperial College Press.

Graetz, N. (1985). Teaching EFL students to extract structural information from abstracts. In J. M. Ulign & A. K. Pugh (Eds.), *Reading for professional purposes: Methods and materials in teaching languages* (pp.123-135). Acco.

Henderson, M. M. (1967). *Evaluation of information systems: A selected bibliography with informative abstracts*. United States Department of Commerce.

廣岡慶彦（2001）『理系のためのはじめての英語論文の書き方』ジャパンタイムズ.

Huckin, T. (2006). Abstracting from abstracts. In M. Hewings (Ed.), *Academic writing in context: Implications and applications* (pp.93-103). Continuum.

石川有香（2019）．「日本人工学英語学習者による修士論文英文要旨の言語特徴」『ESP・JSP 教育のためのテキスト分析手法　統計数理研究所共同研究リポート』*425*, 55-76.

石川有香（2020）「工学英語論文要旨の談話構造―工学5分野の国際誌の要旨の分析―」『工学分野における学術テキストの分析手法　統計数理研究所共同研究リポート』*436*, 9-25.

片山晶子（2017）．『理系学生が一番最初に読むべき！英語科学論文の書き方』中山書店.

Leech, G., Rayson, P., & Wilson, A. (2001). *Word frequencies in written and spoken*

English: Based on the British National Corpus. Longman.

Lewis, R., Whitby, N., & Whitby, E.（2004）.『科学者・技術者のための英語論文の書き方　国際的に通用する論文を書く秘訣』東京化学同人.

松浪有・池上嘉彦・今井邦彦（1983）『大修館英語学事典』大修館.

文部科学省（1980）「科学技術情報流通技術基準　抄録作成　SIST 01-1980」科学技術振興財団　https://jipsti.jst.go.jp/sist/pdf/SIST01.pdf

中山裕木子（2018）『英語論文ライティング教本―性格・明確・簡潔に書く技法―』講談社.

西村美里（2019）「第1回　時制の使い分け」『日本機械学会誌』*122*（1202）, 44-45.

日本物理学会（編）（1999）『科学英語論文のすべて　第2版』丸善.

日本人間工学会（n.d.）「英語抄録の書き方」http://www.ergonomics.jp/journal/journal_post/extract_en.html

荻原洋（2020）「英作文添削指導から見えてくるもの」『富山大学人間発達科学部紀要』*14*（2）, 63-73.

大堀寿夫（編）（2004）『認知コミュニケーション論』大修館書店.

小野義正（2016）『ポイントで学ぶ科学英語論文の書き方 改訂版』丸善.

Quirk, R., Greenbaum, S., Leech, G., & Svartvik, J.（1972）. *A grammar of contemporary English.* Longman.

精密機械工学会（n.d.）「『精密工学会誌』論文等執筆・投稿要綱」http://www.jspe.or.jp/wp/wp-content/uploads/submission /toukou_jstage/JSPE_ronbun_shippitsu_youkou.pdf

Swales, J. M., & Feak, C. B.（1994）. *Academic writing for graduate students: A course for nonnative speakers of English.* University of Michigan Press.

Swales, J. M., & Feak, C. B.（2009）. *Abstracts and the writing abstracts.* University of Michigan Press.

田中彰一（2004）「言語理論と英語教育（10）―モダリティ：話者の気持ちの表現―」『佐賀大学文化教育学部研究論文集』*9*（1）, 43-56.

安井稔（1977）「英語におけるモダリティについて」『文藝言語研究・言語篇』*1*, 1-26.

安井稔（1978）「法の助動詞における時制」『文藝言語研究・言語篇』*2*, 1-26.

第2部

工学英語の言語学的分析

第 **4** 章

To Reach a Wider Audience: Using a News Format to Describe Research

Judy Noguchi （Kobe Gakuin University）

jnoguchi@gc.kobegakuin.ac.jp

Abstract

Today, researchers need to be able to explain their research to a wider audience than those in their disciplinary community. The rationale for this and how this can be achieved are presented. The teaching modules introduced were incorporated into English for specific purposes （ESP） courses taught in graduate schools of science, engineering and medical sciences. Student responses to having experienced these modules are presented together with how the modules and the concepts described can help those whose native language is not English reach a wider audience in order to fulfill their civic responsibility.

1. Introduction

1.1 Science communication for social action

Science communication today is more important than it has ever been before （Gascoigne and Leach, 2020）. The global society is faced with a pandemic that raging around the world, the dangers of climate change that is causing dangerous storms (O'Neill and Lee, 2020) and melting of glaciers (O'Neill et al., 2021), and fears about new technologies from AI to genetic modification (Gascoigne and Leach, 2020). The distraught general public, not knowing where to turn to assuage their fears, often rely on social networks and social messaging which may present disinformation or misinformation. Ireton and Posetti (2018, p.7) point out in a *UNESCO Handbook for Journalism Education and Training* that "Both are problems for society, but disinformation is particularly dangerous because it is frequently organized, well resourced, and reinforced by automated technology." In other words, people continue to be deluged with messages that reinforce their beliefs and this can lull them into believing disinformation.

Why do scientists and researchers need to be concerned with communicating with the general public? Stanchak (2016) points out that researchers' testimony can affect the kinds of laws and regulations produced by lawmakers. This signifies the importance of being able to explain the impact of your research because it can help shape the public perception of science and even change people's lives. Kenneth Merz, editor-in-chief of the *Journal of Chemical Information and Modeling* states that "We, as scientists, need to address this issue and become better at framing the importance of scientific research in the modern world" (Stanchak, 2016).

In 2020, the importance of scientists becoming involved in public affairs became urgent with major scientific journals voicing their concerns about the U.S. presidential election. *The New England Journal of Medicine*, on October 8 published an editorial entitled "Dying in a leadership vacuum," calling for the ousting of candidates who did not properly respond to a pandemic that killed so many. Another editorial published on October 1 was entitled "*Scientific American* endorses Joe Biden" with the subtitle of "We've never backed a presidential candidate in our 175-year history — until now." Even the esteemed journal *Nature* published an editorial on October 14 entitled "Why *Nature* supports Joe Biden for US president," pointing out that "The Trump administration has undermined trust in their [scientists'] knowledge, interfered with their autonomy, and expressed disdain for the essential role they have in national life."

The role that scientists and researchers should play was recognized more than 30 years ago by The Royal Society, in the Bodmer Report (1985, pp.9-10):

"Better overall understanding of science would, in our view, significantly improve the quality of public decision-making, not because the 'right' decisions would then be made, but because decisions made in the light of an adequate understanding of the issues are likely to be better than decisions made in the absence of such understanding."

The Royal Society report (1985, p.24) sends out an appeal: "our most direct and urgent message is for the scientists — learn to communicate with the public, be willing to do so, indeed consider it your duty to do so … It is clearly a part of each scientist's professional responsibility to promote the public understanding of science."

1.2　The need for STEAM education

While recognizing this need for scientists to communicate with the public, how to do this is a challenging issue. One way to do this is by adopting STEAM education. Gunn (2017) discusses the need to introduce the liberal arts (the A in STEAM) into STEM (science, technology, engineering and mathematics) education. Scientists must be able to use communication skills to obtain funding and support, work in collaboration with colleagues, and publicize the results of their research for validation.

STEAM calls for the active involvement of students in STEM subjects through creative, inquiry-based, experiential activities that have the students engage meaningfully with the processes used to solve real-world problems. In doing so, they need to have the communication skills and work in an interdisciplinary manner (Education Commission of the States, 2019). Such professional skills require proficient language ability and those in STEM fields, who need to share their work with a global audience, must be able to proficiently use English, the professional lingua franca today.

1.3　How STEM majors can reach a wider audience

The present paper will describe a way to teach graduate level students in science and technology how to reach audiences beyond their specialized discourse community. While there has been much work related to the writing of research articles for speakers whose native language is not English, this paper will describe how such STEM students can learn to talk about their research to those outside their immediate research community. The teaching modules introduced here were very useful for classes in which the students were from a range of specialties even if they were, for example, all majoring in engineering. A student in architectural engineering would find it difficult to readily understand the work of a student specializing in robotics or AI (artificial intelligence). Students have commented that they found it interesting to learn about the research of other students. This suggests the possibility of collaboration across disciplines.

2. Teaching concepts and modules

2.1 Course description

Described below are lesson modules that were included in English for specific purposes (ESP) courses offered at the graduate schools in science, engineering and medicine at various universities. There were from 10 to 30 students enrolled in the classes that were offered both in-person and online but always as BYOD (bring your own device) classes with everyone having access to a Google Drive class folder for downloading and uploading files. This approach facilitates collaborative work in real time, for example, commenting on tasks and editing student-generated material.

These modules were designed to enable STEM majors to "talk" about their research to audiences outside of their immediate discourse community. They were initially planned to help Japanese students learn how to discuss their research. Although the students could plan, memorize and present a conference presentation, they could not handle the question-and-answer session. In searching for a way to have students talk about their research in a less formal manner, the possibility of using science news podcasts was considered. Many podcasts or news sites have material based on recently published research in scientific journals with the content being made accessible to the general public via a news report format. As these modules were incorporated in various ESP courses, they assumed a more important role of enabling students to address wider audiences to fulfill their responsibility of engaging the public in science and technology.

While the majority of the enrolled students were Japanese, all of the classes included students from different language backgrounds, such as Chinese, Korean, Vietnamese, Hindi, Bengali, Nepali, and Bahasa Malaysia. This diversity of the class audience gave the students an excellent opportunity to practice working in collaboration with colleagues from different language and cultural backgrounds.

2.2 ESP concepts underpinning the modules

The overall approach to the courses was based on ESP concepts in which professionals are considered to form discourse communities for the construction of knowledge in their fields (Swales, 1990). Canagarajah (2002) states that community members achieve this goal by participating in language games to formulate the paradigms that make sense to them. For STEM majors to become active members in their professional discourse communities, they need to be able to communicate using the appropriate genres and, in order to address a global audience, to do this in English. In ESP, the "genre" is a text type that is repeatedly used by the community (Swales, 1990), and thus has developed a pattern for organizing the substance, or information it carries, into a form of discourse that is aimed at accomplishing a specific action (Miller, 1984). In the case of a scientific research article, the action would be to present a claim based on experimental research that others in the discourse community would try to verify before including the information (substance) into their accepted body of knowledge. In order for the information to be readily accessible to the community, the writer(s) has to present the information in a form that is recognizable by the others in the community. In other words, the rhetorical and language patterns used to present the information should follow the conventions for a scientific research article, e.g., use academic discourse, not informal colloquial language; present the information according to accepted logical rhetorical patterns, which are usually not of the narrative style; offer evidence to support the claims presented. The patterns of professional genres can be taught in an ESP course by explaining and practicing the forms that are used to create them.

2.3 Lesson modules

The modules described here were incorporated into ESP courses for graduate students in science, engineering and medical sciences at several universities. While ESP courses usually teach genres for specialized discourse communities, such as the research article or the conference presentation, the target genre of these modules is that of a science news report, which is aimed at disseminating information about cutting-edge research. The reasons for this choice were twofold: (1) as described Section 1, scientists and researchers have a responsibility to become engaged with civic society and (2) there is a wealth of material available on websites that can be used for effective teaching.

Module 1: Students were introduced to language learning sites or podcast sites offering news on science and technology developments. The sites are free and offered by reputable organizations or groups. Most have audio recording of the transcripts, although the Nature podcasts listed below sometimes do not. As these news sites are aimed at the general public, they make the technical information as accessible as possible by defining technical terms and using examples to illustrate concepts. The audience also needs to grasp why such research is important and what possible applications there might be to make it relevant to society in general.

The students are told to browse sites such as the following to find something that interests them:

Language learning sites offering different levels of difficulty

Breaking News English（https://breakingnewsenglish.com/）

VOA Learning English

（https://learningenglish.voanews.com/p/5610.html）

Science podcast sites aimed at the general public

60-Second Science

（https://www.scientificamerican.com/podcast/60-second-science/）

Science Podcasts（https://www.sciencemag.org/podcasts ）

Nature Podcasts

（https://www.nature.com/nature/articles?type=nature-podcast）

Module 2: The students download the audio and the transcript. They are told to listen very carefully to the audio and add prosody markings to the transcript that can help them emulate the announcer's presentation of the material（see Fig 1）.

The next step is to listen very carefully to the audio and then practice presenting the transcript smoothly and fluently. With practice, the

Website: VOA Learning English
　URL: https://learningenglish.voanews.com/a/take-care-of-your-
　　teeth-take-care-of-your-heart/5194636.html
Title: Take Care of Your Teeth, Take Care of Your Heart

<u>Cleaning your teeth</u> often↓, <u>every</u> day ↓, is <u>linked</u> to a <u>lower risk</u> for <u>heart</u> problems. A new study found that **brushing your teeth** several times a day <u>resulted</u> in **fewer cases** of <u>heart</u> failure↗and <u>atrial fibrillation</u> — the <u>term</u> for an <u>uneven</u> heartbeat.

Figure 1　Prosody marking exercise of a science news transcript by a student. Underlining, emphasis; bold, syllable stress; ↓ , voice drop; ↗, voice continues

student should be able to shadow, or speak along with, the announcer.

Module 3: After sufficient practice, the students present their recitations to the class and everyone fills out an evaluation sheet which is downloaded from the Google Drive shared by the class. The evaluations are done in an Excel spreadsheet which allows facile collation of the files to allow the instructor to return the evaluations to the individual students by the following class. The students are told about the importance of peer evaluation in helping them become aware of what they themselves need to be careful of when giving a presentation.

Students grade their peers on a scale of 5 to 1 with 5 being the highest grade. They evaluate the others on audibility (clarity and loudness), fluency, prosody (expressiveness), and eye contact, or in the case of an online class, camera presence (presenting a good impression via the camera). The students also write in what they thought the presenter's topic or main message was. If the presenter is not effective, this can be difficult to discern. The spreadsheet also has a column for comments on what they thought was good about the presentation and what they thought could be improved. When the evaluations are returned, the students are told to consider them in preparing for their next presentation. The students find the comments to be encouraging and express appreciation for receiving them from their classmates.

Module 4: The next task is to analyze the features and structure of the science news text. For example, on February 1, 2021, the Breaking News English news was entitled "A full moon could give you a bad night's sleep."[1] This news item was based on a research article from the field of neurophysiology with the title of "Moonstruck sleep: Synchronization of human sleep with the moon cycle under field conditions" (Casiraghi et al., 2021). As can be seen, the title of the news item has been formulated to be instantly understandable and to attract attention.

The Breaking News English site offers its news items at two different tiers of difficulty. The simpler one offers graded texts from Levels 0 to 3 and the more difficult one from Levels 4 to 6. The item on the moon's effect on sleep offers the simpler texts. All texts are accompanied by an audio reading that can be adjusted for speed.

The first sentence for the Level 3 text is "If you have trouble sleeping at certain times of the month, it could be because of a full moon." This is a "hook" to capture the attention of the audience. The second sentence carries the "who and what" of the news: "Scientists from the University of Washington say there is a link between the lunar cycle and sleeping patterns." This followed by details on the research that led the scientists to this conclusion.

Students can compare the sentences of Levels 0 to 3 to see how the texts can be simplified but still carry the same message. As can be seen below, the second sentences of the lower level texts are much simpler than that presented above:

Level 2 Scientists say there is a link between the Moon's cycle and sleeping patterns.

Level 1 Scientists say there is a link between the Moon and our sleeping patterns.

Level 0 Scientists say the Moon could change sleeping patterns.

The students also do a task in which they identify useful phrases for describing research: "The scientists conducted a study of," "The study included," "were compared to," "The scientists discovered that."

Module 5: The next task is that of having the students prepare their own science news based on what they learned by examining and practicing the science news recitation. They are told that they should be able to describe their research to a wider audience than that of their immediate discourse community in order to fulfill their responsibility to civic society. They start by preparing an interesting title that can attract attention and with an initial sentence that can hook the listener. This is followed by the "who and what" of a news story and further details about the research.

As this is a BYOD class, the students' texts can be edited in class with everyone observing and participating in the process while editing their own work. They then prepare to present the news item to the class by adding prosody markings like those shown in Fig. 1. Finally, the students present their science news to the class and do peer evaluations to check on how successfully they have delivered their message.

3. Results and conclusion

3.1 Student responses

These lesson modules have been incorporated into various graduate level STEM courses at different universities. Other companion modules include tasks and exercises on pronunciation and enunciation practice. These modules aim for proficiency as a speaker of English as a lingua franca (ELF) in line with the 2018 revisions of the *Common European Framework of Reference for Languages: Learning, Teaching, Assessment Companion Volume with New Descriptors*, which have replaced the goal of "native speaker" with "speakers of the target language" or "proficient speaker." The students become aware that their aim is not necessarily to be able to use English like a native speaker but as a proficient speaker. Using websites with audio enable the students to learn and practice the sounds and prosody of English by trying to emulate the science news announcers.

The response from the students has been very positive. As these modules have been used in many different classes, it is difficult to offer quantitative data, but here are examples of student comments (emphasis mine; text presented as written by the students):

1. In my past research presentations, I have only considered the structure of the presentation from a technical point of view, such as the logic of the slides, technical contents, and experimental methods. In other words, I have not considered the linguistic aspects such **as the type of language, choice of words, and subtle nuances.** Through this class, I realized the importance of these things ...

2. **No need to speak English like native.** It's important to be easy to hear.

3. I need to practice pronunciation. Tongue Twister and **Science News Recitation were good practice** ...

4. When I heard my classmates talking in English, I noticed that there were differences. I am still not completely sure what the cause of the difference was (pronunciation, enunciation, the rhythm of their speech, etc.), but the outcome was clear. I could easily understand some of their presentations, but had an extremely difficult time following other talks. **What was interesting was that those who were understandable, were not always pronouncing like a native speaker.** Yet, something in their speech pattern made it easy to understand. I'd like to consider these factors when I design and conduct

my experiments investigating the effects of language fluency on understanding.

5. In this class, I learned ... what I should be aware of in order to communicate my research to others in an easy-to-understand way. I believe that what I learned in this class will definitely be useful in the future

The comment of Student 1 is interesting as it reflects the dawning of an awareness that language skills, in addition to good content and visuals, are important for effective communication. The comment of Student 4 is very insightful. This student was planning to conduct language research and recognizes that some speech patterns facilitate understanding more than others. As the class included students from different language backgrounds, it offered an excellent opportunity to become aware of the challenges to smooth communication.

After doing these science news modules, in some of the courses, the students went on to prepare and deliver a more formal conference presentation with slides, while in other courses, they prepared a poster to present their research and participated in a poster session where they discussed their work with the other students who played the role of conference participants. The science news module tasks served as good preparation for both types of presentations. Being able to talk about their research was especially useful for the question-and-answer session following the conference presentation as well as for the poster session discussions.

3.2 Fulfilling a duty to communicate

The method used here can help STEM students become better communicators of their research. In Japan, where English is taught as a foreign language, the hurdle is high for STEM researchers who need to present their work in English to a global audience. This is where taking a STEAM approach in which the Arts, or in this case, the language arts, can help. Concepts from ESP, a field in applied linguistics, can offer ways of analyzing and identifying how to involve students in the language learning process.

This approach using science news as a springboard to oral communication shows students how they can make their work more accessible to a wider audience. While the aim of the courses described was to teach the students how to use English for their professional needs, the modules also show them how to modify their explanations to reach a wider audience. This skill could even be useful for communication in their native language. The diversity of the classes in which these modules were used, with students from different language and culture backgrounds as well as from different research fields, served as an excellent real-life experience. For example, an engineer interested in analyzing language to develop models of machine translation had to make her research understandable to someone who was doing research in how to prevent traffic jams by studying the behavior of animal swarms. This kind of training is also valuable when applying for grant funding because the research being proposed must made understandable to the reviewers who are very likely to be experts from different areas of specialty. More importantly, as described in Section 1, The Royal Society (1985, p.24) appeals for scientists and researchers to "learn to communicate with the public, be willing to do so, indeed consider it [their] duty to do so." This paper has shown how STEM researchers can learn to acquire the ability to talk about their research to the general public in order to play an active role in civic society.

Note

1) Breaking News English, https://breakingnewsenglish.com/2102/210201-full-moon.
html

References

Canagarajah, S. (2002). Multilingual writers and the academic community: Towards a
critical relationship. *Journal of English for Academic Purposes*, 1, 1: 29–44.
https://doi.org/10.1016/S1475-1585 (02) 00007-3

Casiraghi, L., Spiousas, I., Dunster, G. P., McGlothlen, K., Fernández-Duque, E., Valeggia,
C., and de la Iglesia, H. O. (2021). Moonstruck sleep: Synchronization of human sleep
with the moon cycle under field conditions. *Science Advances* 27 Jan 2021: Vol.7, no.5,
eabe0465. DOI: 10.1126/sciadv.abe0465

Council of Europe. (2018). *Common European Framework of Reference for Languages:
Learning, Teaching, Assessment Companion Volume with New Descriptors.*
https://rm.coe.int/cefr-companion-volume-with-new-descriptors-2018/1680787989

Education Commission of the States (2019). STEAM Infographic.
https://www.ecs.org/steam-infographic/

Gascoigne, T. and Leach, J. (2020). Science communication is more important than ever.
Here are 3 lessons from around the world on what makes it work. *The Conversation*.
https://theconversation.com/science-communication-is-more-important-than-ever-here-
are-3-lessons-from-around-the-world-on-what-makes-it-work-147670

Gunn, J. (2017). Why the "A" in STEAM Education is just as important as every other
letter. A Blog by Concordia University-Portland. November 8, 2017
https://education.cu-portland.edu/blog/leaders-link/importance-of-arts-in-steam-
education/

Ireton, C. and Posetti, J. (2018). Journalism, Fake News & Disinformation. *Handbook for
journalism education and training*. UNESCO Series on Journalism Education.
https://en.unesco.org/sites/default/files/journalism_fake_news_disinformation_print_f
riendly_0_0.pdf

Miller, C. R. (1984). Genre as social action. *Quarterly Journal of Speech*, 70, 151–167.

Nature. (2020). Why *Nature* supports Joe Biden for US president. *Nature*. 585, 335(2020).
https://doi.org/10.1038/d41586-020-02852-x

O'Neill, I. J. and Lee, J. J. (2020) Prior weather linked to rapid intensification of
hurricanes near landfall. NASA Global Climate Change.
https://climate.nasa.gov/news/3032/prior-weather-linked-to-rapid-intensification-of-

hurricanes-near-landfall/

O'Neill, I. J., Lee, J. J., and Bell, B. (2021) Warming seas are accelerating Greenland's glacier retreat. NASA Global Climate Change.

　https://climate.nasa.gov/news/3062/warming-seas-are-accelerating-greenlands-glacier-retreat/

Stanchak, J. (2016). Why science communication is an essential skill in 2017. *ACS Axial.* ACS Publications.

　https://axial.acs.org/2017/02/06/science-communication/

Swales, J. (1990). *Genre analysis: English in academic and research settings.* Cambridge, UK: Cambridge University Press.

The Editors. (2020). Dying in a leadership vacuum. *The New England Journal of Medicine.* Oct. 8, 2020; 383:1479–1480. DOI: 10.1056//NEJMe2029812.

The Editors. (2020). *Scientific American* endorses Joe Biden. *Scientific American.* October 1, 2020.

　http://www.scientificamerican.com/article/scientific-american-endorses-joe-biden1

The Royal Society. (1985). The public understanding of science.

　https://royalsociety.org/～/media/royal_society_content/policy/publications/1985/10700.pdf

第 5 章

多次元分析法（MD 法）による学術論文の言語特性分析
― コンピュータ工学系論文と
コンピュータ援用言語学習系論文の比較 ―

石川　慎一郎　（神戸大学）

iskwshin@gmail.com

A Study of the Linguistic Features of Research Articles Based on the Multi-Dimensional Analysis:
Comparison of the Articles in Computer Sciences and Computer-Assisted Language Learning

ISHIKAWA Shin'ichiro　（Kobe University）

Abstract

This study conducted the Multi-Dimensional Analysis proposed by Biber（1988）to compare the linguistic features of the research articles in the fields of computer sciences（*CJ*）and computer-assisted language learning（*RC*）. The analyses showed that *CJ* articles are characterized by the frequent use of "we" and passive voices, the restricted verb usage, and the adoption of simplified constructions, while *RC* articles are characterized by the use of varied forms of verbs as well as the adoption of a variety of stance markers. They also suggested that *CJ* articles are less narrative, more persuasive, more static, and more formal in comparison to *RC* articles. *CJ* and *RC* articles have not a few linguistic features in common, but the correspondence analysis exemplified that they are neatly classified on Axis 1, which distinguishes between conversational and interactive discourses and formal and objective discourses.

1. はじめに

　学術研究の国際化が急速に進展する中で、ESP（English for Specific Purposes）の研究および教育において、学術分野で使用される英語の特性解明に注目が集まっている。もっとも、Biber, Conrad, & Reppen（1998）も指摘するように、言語使用域としての「学術論文」は必ずしも一枚岩ではない。非母語話者を対象とした学術論文の英語の指導に関して言えば、研究分野の差、とりわけ、自然科学系と人文科学系の差をどのように扱うべきかが重要になる。

　本稿は、「学術論文の英語」の多様性を探るケーススタディとして、自然科学系の学問分野として「コンピュータ工学」を、人文科学系の学問分野として「コンピュータ援用言語学習（computer assisted language learning：CALL）」を取り上げ、それらの論文の言語特性の解明を目指す。

　学術論文の言語分析には様々な方法があり、たとえば、分野に特徴的な単語や単語連鎖を探る語彙研究や、論文内の談話的なまとまりをムーブ（move）として定義し、その構造を探るムーブ研究などが広く行われている。これらの研究は多くの成果を挙げてきたが、それぞれ長所と短所がある。語彙研究は、単語という定義しやすい単位を扱うため、計量的・客観的手法が適用しやすい一方、観察対象がミクロ的で、構文構造などをとらえにくい。ムーブ研究は、

マクロレベルの談話構造をとらえやすい一方、ムーブの特定やムーブ間の構造分析が主観的になりがちである。

　以上の点をふまえると、客観性を担保できる計量的な処理をベースにしつつ、個別語を超えたテキスト構造を扱うタイプの研究が必要になってくる。こうした方向性の1つが、Douglas Biber の提唱する多次元分析法（Multi-Dimensional Analysis）（以下 MD 法と呼ぶ）である。Biber は、言語使用域（register）を分析する際には、大量テキストの分析、大量項目の調査、基準との比較という3要因が不可欠であるとしており（Biber, Conrad, & Reppen, 1998, p.136）、MD 法はこれを具体的な研究実践に落としこんだものと言える。

　Biber（1988）は、幅広い言語使用域を網羅する 500 種の書き言葉サンプルを収集した LOB コーパスと、100 種の発話サンプルを収集した London-Lund コーパスから 21 種の言語使用域別データを集め、さらに、手紙とビジネスレターのデータを加えた。そして、23 種のテキストデータの言語特性を観察する切り口として、16 の大項目、67 の小項目からなる文法項目（末尾の付表参照）を定めた。これら 67 項目の出現頻度を調整頻度に変換した上で因子分析を実施したところ、各項目の頻度を規定する次元（因子）として7種が取り出された。このうち、一般に分析に使用されるのは上位の6ないし5次元である。その後、次元ごとに、スコアが正負になる文法項目を調査することで、個々の次元の解釈と命名を行った。

　表 5-1 は、6つの次元の特性、寄与度の高い文法項目（正負上位4種。絶対値が 0.4 以上のもの）、関連する言語使用域をまとめたものである（pp.102-103）。

　これらの次元スコアに着目することで、23 種の言語使用域は、以下の8つのテキストタイプに整理できる（表 5-2）。

　Biber（1988）が提唱する6つの次元は、LOB と London-Lund の2つのコーパスに含まれる特定のテキスト資料の分析結果に基づくものであるが、各種のテキストに広く応用できる尺度とみなされ、以後、多くの研究が、手持ちのテキストデータについて、67 種の文法項目の頻度を調査し、それをもとに次元スコアを計算することで、その言語特性や、所属するテキストタイプを論

表5-1 Biber（1988）で抽出された主要6次元

次元	特性
D1	対人関与的（Involved） vs 情報伝達的（Informational） （高）：私秘動詞（assume、believe など行為が外的に確認できない動詞）・ 　　　that 省略・縮約・動詞現在形 → 情意的・双方向的（くだけた会話） （低）：名詞全般・単語長・前置詞・語彙密度 → 情報密度が高い（学術文）
D2	物語的（Narrative） vs 非物語的（Non-Narrative） （高）動詞過去形・3人称代名詞・動詞完了形 → 物語的（小説） （低）動詞現在形・叙述形容詞
D3	状況独立的（Explicit） vs 状況依存的（Situation-Dependent） （高）目的格関係代名詞 wh・前置詞随伴型関係代名詞句・主格関係代名詞 　　　wh → 状況独立的（学術文） （低）時間副詞・場所副詞・副詞類 → 明示的・状況依存的（スポーツ報道）
D4	説得的（Overt Expression of Persuasion） vs 非説得的 （高）to 不定詞・未来助動詞・説得動詞（agree、ask など）・条件接続詞 → 　　　著者の視点や、事象の実現性・確信性に対する著者の評価を直接的に 　　　表す （低）該当なし
D5	抽象的（Abstract） vs 非抽象的（Non-Abstract） （高）合接詞・動作主なし受動態・過去分詞句・動作主あり受動態 → 専門的・ 　　　抽象的・格式的に情報を伝達する（科学文） （低）該当なし
D6	逐次的情報精緻化的（On-line Informational Elaboration）vs 非逐次的情報 精緻化的 （高）動詞＋that・指示代名詞・目的格関係代名詞 that → 名詞句の後置修 　　　飾が多く、時間的制約の中で情報を伝達する（会話） （低）該当なし

じている。MD 法を使った研究の利点は、新しいテキストを分析する場合も、Biber の枠組みに合わせることで同じ基準で比較・議論できることである。

表 5-2　Biber（1988）によるテキストタイプ分類

テキストタイプ	包含ジャンル	特徴次元	注記
親密な個人間のやりとり（Intimate Interpersonal Interaction）	友人間の電話でのやりとり	＋D1 －D3/5	親しい友人間でなされる個人的関心事についてのやりとりなど
情報のやりとり（Informational Interaction）	対面会話、電話でのやりとり、自発的発話、個人書簡	＋D1 －D3/5	情報に焦点を当てた個人間の話し言葉でのやりとりなど
科学的説明（Scientific Exposition）	学術文、公用文	＋D3/5 －D1	形式的で、情報伝達を旨とする、高度に専門的な情報説明文など
専門的説明（Learned Exposition）	公用文、新聞評論、学術文	＋D3/5 －D1	形式的で、情報伝達を旨とする、情報説明文など
フィクションの語り（Imaginative Narrative）	恋愛小説、一般小説、原稿のある演説	＋D2 －D3	はっきりと語りに主眼を置いた文章など
語りによる一般的な説明文（General Narrative Exposition）	新聞報道文・社説、伝記、スポーツ以外の報道、空想科学小説（SF）	＋D2 －D1	語りによって情報を伝える文章など
状況依存型報道（Situated Reportage）	スポーツ報道	－D3/4	進行中の事象についての逐次的解説など
対人関与的な説得（Involved Persuasion）	自発発話、専門的内容の手紙、インタビュー	＋D4	相手を説得したり、何かを主張したりする文など

（Nini, 2019b のまとめに基づく）

2.　先 行 研 究

　Biber の MD 法を使った研究は、Biber 自身や周辺の研究者によって精力的になされてきた。Conrad（2015）は、2015 年までの主な MD 法関連の研究をレビューして、それらを（1）言語使用域の分析（学術分野・寄付募集文・テレビ会話・映画会話の分析など）、（2）諸言語および各種談話領域の分析（国際英語変種・中国語の書き言葉・ソマリ語・スペイン語・小学生作文・大

学生活関連資料・コールセンター発話・ブログ・インタビュー分析など）、（3）談話単位での分析（生化学論文や研究助成申請書のムーブ分析、大学の教室内会話や生物学論文の語彙分析など）、（4）新しい対象を扱った分析（ポルトガル語のメタファー・各種英語資料の 2 語連鎖分析など）の 4 種に区分している（p.317）。また、最近ではウェブの言語テキストに MD 法を適用する試みもなされている（Biber, & Egbert, 2021）。

このように、様々な対象に適用可能な MD 法であるが、ESP 分野、とくに学術論文の言語特性の分析に応用した例もある。Biber, Conrad, & Reppen（1998）では、環境分野（ecology）の論文と、アメリカ史分野の論文を 20 本ずつ集めて分析した結果、アメリカ史論文では、過去形動詞・3 人称代名詞・完了形動詞・公開動詞（claim, insist など行為が外的に確認できる動詞）などの頻度が高く、次元 2（物語的 vs 非物語的）において、環境論文のスコアが −3 以下であったのに対し、アメリカ史論文のスコアは 0 ～ +1 で、物語性が強いことなどを例証した（p.160）。

Conrad & Biber（Eds.）（2001）には、Biber 自身のものも含め、代表的な MD 法の分析例が収集されており、その中には ESP と関りを持つものもある。Atkinson（2001）は、1675 年以降、約 300 年間の英国の科学論文を分析し、この間、次元 1（対人関与 vs 情報伝達）は情報伝達の方向へ、次元 2（物語的 vs 非物語的）は非物語的な方向へ、次元 5（抽象 vs 非抽象）は抽象の方向へそれぞれ移行しており、科学論文の言語はより客観的になったと報告している。なお、同じ資料を用いた分析実例は Biber & Conrad（2009）でも紹介されている（pp.157-166）。

Biber & Finegan（2001a）は、1650 年代から 1990 年までの自然科学を含む各分野のテキストを網羅的に調査した結果、医学分野と科学分野の文章の文語性が高まったことを報告している。

Conrad（2001）は、生物学と歴史学の教科書および論文を比較し、生物学は、歴史学に比べ、教科書・論文ともに、次元 2 において、物語性が顕著に低かったことを指摘している。

また、Biber & Finegan（2001b）は、1985 年刊行のイギリスとアメリ

カの医学論文を取り上げ、導入（Introduction）・手法（Methods）・結果（Results）・考察（Discussion）といった論文の部位ごとの言語特性の違いを調査し、主要次元について各部の差は小さいものの、次元1と次元5で英米差が見られたことなどを指摘している。

3. リサーチデザインと手法

3.1 研究目的と研究設問

　本研究は、自然科学系のコンピュータ工学分野と、人文科学系のコンピュータ援用言語学習分野の学術論文の言語特性をBiberのMD法で比較することを目的とする。この目的に沿って、以下の3つの研究設問（research question：RQ）を設定した。

RQ1　文法項目頻度において両分野にどのような差があるか？
RQ2　次元スコア、および、次元スコアから推定されるテキストタイプにおいて、両分野にどのような差があるか？
RQ3　個別論文の単位で見た場合、両分野にどのような差があるか？

3.2 データ

　自然科学系と人文科学系の論文の文体を比較する研究は広く行われているが、たとえば、宇宙物理学と英文学の論文を比較するような場合、扱う内容がかけ離れており、何らかの差が出たとしても、それが分野の差なのか扱うトピックの差なのかを判断することはきわめて難しくなる。そこで、今回の分析では、ともにコンピュータに関連する自然系と人文系の分野として、コンピュータ工学と、コンピュータ援用言語学習の2分野の論文を分析対象とする。

　前者については、オックスフォード大学出版局の *The Computer Journal*（*CJ*）誌の最近の号からランダムに10本の論文を収集した。*CJ* は、100か国に7万人以上の会員を擁し、英国内におけるコンピュータ関連資格の授与団体

でもある英国コンピュータ協会（British Computer Society：BCS）の刊行する学術誌で、「学術的なコンピュータ科学界の全分野を対象とする最古参の専門学術誌の1つ」であり、直近のIFは1.08である。コンピュータ科学理論、コンピュータとコミュニケーション、人工知能・機械学習・データ分析、システムおよびネットワークセキュリティの4つの下位領域を包括する。

　後者については、ケンブリッジ大学出版局の*ReCALL*（*RC*）誌の最近の号からランダムに10本の論文を収集した。*RC* は、欧州コンピュータ言語教育学会（European Association for Computer Assisted Language Learning：EUROCALL）の刊行する学術誌で、「言語文化の学習と指導におけるテクノロジー使用を促進する」という学会方針のもと、応用言語学・コーパス言語学・デジタル教授法・デジタルリテラシー・コンピュータ媒介コミュニケーション・学習データ分析・第2言語習得・教育科学などに関する論文を掲載している。直近の IF は1.84 である。

　それぞれ、公式のサイトから論文を PDF 媒体で収集し、テキストファイル化した。なお、テキスト化にあたって、著者情報・キーワード・表・図・参考文献、また、*CJ* に頻出する数式（連番がついているもの）などは除外した。

表 5-3　分析に使用した両分野のデータセットのサイズ

	CJ		*RC*	
	トークン	タイプ	トークン	タイプ
#001	4,798	1,009	6,088	1,265
#002	7,556	1,334	7,511	1,188
#003	5,536	1,074	6,843	1,381
#004	9,875	1,692	6,793	1,375
#005	5,838	1,125	6,800	1,489
#006	7,313	1,401	6,515	1,324
#007	4,747	857	7,052	1,721
#008	2,999	689	6,895	1,344
#009	5,068	1,075	8,475	1,529
#010	10,459	1,456	6,786	1,309
合計	64,189	5,663	69,758	5,858

ただし、冒頭の概要や、本文に組み込まれた項目列挙や数式、また、末尾の謝辞などは残している。

それぞれ10本の論文を集めた両分野のデータセットのトークン（延べ語数）およびタイプ（異なり語数）は表5-3の通りである。語数の計量は、WordSmith Tools（Version 7.0）で行った。

論文1本あたりの長さには差があるが（最小：約3,000語、最大：約1万語）、分野ごとの総語数はおおむね揃っている。

3.3　MD法の実行方法

本研究では、Biber（1988）によるオリジナルのMD分析プログラムをWindowsコンピュータ用に移植したMulti-Dimensional Analysis Tagger（V1.3）（Nini, 2019a）（以下MAT）を使用する。MATはJavaベースのソフトウェアで、67種の文法項目へのタグ付け、6種の次元スコアの計算、最近接テキストタイプの推定、の3つの処理を連続的に行う。

MATにはStanford Tagger（2013年版）が内蔵されており、文法項目の切り出しとタグ付けは、Stanford Taggerに依拠している。ただし、一部の品詞タグについては、Biberの規定する文法項目に合うよう、より詳細なタグに変更される。たとえば、否定辞と一般副詞、前置詞と一般従属詞、前置詞のtoと不定詞マーカーのtoなどはそれぞれ別扱いとなる。その後、得られたタグ頻度を根拠として次元スコアが計算され、表5-2で示した基準と照合することで、個々のテキストごとに最近接のテキストタイプが表示される。

一連の処理が終わると、Corpus_Statistics, Zscores, Dimensionsの3種のcsvファイルと、DimensionsとText_typesという2種の画像ファイルが出力される。csvファイルのうち、Corpus_Statisticsには、インプットされたテキスト内での67種の文法項目の出現頻度（100語換算）が記載される。Zscoresには、前述の文法項目の出現頻度を標準化した標準得点（z得点）が記載される。Dimensionsには得られたデータから計算された各次元スコアが記載され、各テキストに最も近接したテキストタイプが表示される。なお、短いテキストを分析する場合など、ユーザーがあらかじめ「z得点補正」を選ん

だ場合は、5を超える z 得点をすべて上限5に圧縮して次元スコアを計算する。これにより、少数の特殊変数が全体に大きく影響することを一定の範囲で抑制することができる。画像ファイルのうち、Dimensions には個別テキストまたはコーパス内のテキストの次元スコアの分布グラフが示される。Text_types には8種のテキストタイプとともに、分析対象テキストの位置が示される。距離はユークリッド法で計算されている。

　なお、MAT の精度について、開発者は LOB および Brown コーパスをサンプルとして MAT 上でタグ付けと分析を実行し、Biber（1988）における報告値と比較している（Nini, 2019b）。その結果、LOB について言えば、スコアのずれは、次元1においては 0.28 から 2.74、次元2では 0.2 から 0.87、次元3では 0.99 から 3.22、次元4では 0.19 から 2.25、次元5では 0.08 から 2.11、次元6では 0.01 から 1.06 となり、総じてズレは小さく、結果的に、次元スコアに基づくテキストタイプ分類はすべて同じ結果になった。このことから、MAT は、Biber のオリジナルのプログラムに対する信頼できる移植版とみなせる。ただし、開発者は、6つの次元のうち、次元3については MAT で高めに計算されることがあるとして、解釈を慎重に行うよう注意を付している。

3.4　手　法

　はじめに、20本の論文テキストデータを MAT に読み込ませ、品詞タグ付け（図 5-1）と次元スコアの計算を行う。なお、分析項目中、語彙密度の指標である TTR（タイプ・トークン比率）については、デフォルトでは冒頭から 400 語で計算するようになっている。しかし、学術論文の場合、冒頭には題目があってその後に概要が続く。これらの書き方や分量は、個々の論文ごとに様々であり、そのことが TTR に影響する可能性があるため、今回はデフォルトより長い 1,000 語の範囲で計算を行うこととする。また、個々の論文は相応の長さを有するため、次元スコアの計算にあたり、z 得点補正は行わない。

　その後、出力された csv ファイルを検証する。また、MAT によるタグ付け済みのデータをコンコーダンサ AntConc（V.3.5.8）で解析し（図 5-2）、論文中での各タグの実際の出現状況を確認する。

⬡ Multidimensional analysis tagger v1.3.2　　　　　—　　□　　✕

Zscore correction: ◯ Yes　　● No

Count: ● Only VASW tags　　◯ All tags

Stanford Tagger tagging CJ_005.txt

図 5-1　MAT での処理（第 1 処理過程の Stanford Tagger によるタグ付け実行時）

.We_FPP1 acknowledge_VPRT [PUBV] [THATD] this_DEMP	RC_003_MAT.txt
_THVC the_DT added_VBN [PUBV] [THATD] noises_NN	CJ_010_MAT.txt
_VB the_DT added_VBN [PUBV] [THATD] informatior	CJ_002_MAT.txt
ave_VPRT [PEAS] argued_VBN [PUBV] [THATD] that_DEMP	RC_006_MAT.txt
CONC they_TPP3 argued_VBD [PUBV] [THATD] it_PIT woul	RC_007_MAT.txt
CD-RRB-_-RRB-argues_VPRT [PUBV] [THATD] that_DEMP	RC_006_MAT.txt

図 5-2　AntConc でのタグ検索（THATD タグ検索結果の一部）

　RQ1（文法項目）については、67 項目の各頻度について *CJ* 平均値と *RC* 平均値を算出した後、前者を後者で割った *CJ* 率と、後者を前者で割った *RC* 率を計算する。その後、*CJ* 率が120%超になる項目と、*RC* 率が120%超になる項目を特定し、テキストに即してそれらの出現状況を調査する。なお、前者の場合は *CJ* において、後者の場合は *RC* において、出現頻度が100 語あたり 0.1 回に満たないものについては、当該項目の出現が一部の論文に限定されている可能性が高いため、原則として分析対象から除外する。

　RQ2（次元スコア・テキストタイプ）については、まず、個別論文ごとに 6 つの次元スコアを概観する。次に、各次元スコアについて、*CJ* 平均値と *RC* 平均値を算出して比較する。また、次元スコアに基づいて推定された10 種の

テキストの最近接テキストタイプの内訳を比較する。

　RQ3（個別論文分類）については、第1アイテムを文法項目（カテゴリ数67）、第2アイテムをテキスト（カテゴリ数20）とするクロス集計表を作成し、対応分析を実施する。対応分析は多変量解析手法の一種で、クロス表の行列間の相関を最大化する軸を取り出し、通例、第1軸・第2軸を横軸・縦軸として散布図を作成する。各アイテムカテゴリデータは、同一散布図上に、類似したものが近傍になるよう布置される。散布図上では、寄与率の最も高い第1軸（横軸）によって、対照的性質を持つデータが左右に二分して配置される。つまり、散布図上で、*CJ* の10論文と *RC* の10論文がそれぞれ左右にわかれて布置されるなら両誌は対照的な言語特性を持つこととなる。一方、両者が混在して布置されるなら、両誌の言語特性は明確に区分できないことになる。この点を中心に散布図の解釈を行う。

4.　結果と考察

4.1　RQ1 文法項目

4.1.1　*CJ* で多用される項目

　CJ 頻度が *RC* 頻度の120%を超える文法項目は14種だったが、*CJ* 頻度が0.1を超えるのは下記の10種であった（表5-4）。なお、下表において、角カッコ内に記載されているのは構文タイプや語彙タイプを表すタグで、カッコのないものは一般の品詞タグである。これらは MAT の出力をそのまま使っている。

　以下、基本品詞と統語構造の2点にわけて、これらのタグの出現状況を確認

表5-4　*CJ* で多用される文法項目（100 語あたり調整頻度）

項目	*CJ*	*RC*	*CJ*率	項目	*CJ*	*RC*	*CJ*率
[SUAV]	0.783	0.381	205.5	[SERE]	0.249	0.157	158.6
OSUB	0.214	0.112	191.1	[PASS]	1.826	1.31	139.4
[BYPA]	0.186	0.104	178.8	PIT	0.578	0.428	135.0
VPRT	5.48	3.244	168.9	[THATD]	0.208	0.164	126.8
FPP1	0.714	0.441	161.9	[WZPAST]	0.462	0.377	122.5

していく。

4.1.1.1　基本品詞

　代名詞に関して、*CJ* では、FPP1（First person pronouns：1 人称代名詞）
が、*RC* より 62% 多用されている。ただし、この中には数式内の記号 i の誤解
析があり、これらを除くと、FPP1 の調整頻度は 0.580 で、32% 程度の多用と
なる。FPP1 の約 85% は we で、残りは our である。

① 　Based on this result, *we*_FPP1 further evaluate the mixing
　　time...（CJ_007）

　学術論文では 1 人称代名詞の使用を回避すべきだという立場もあるが、*CJ*
については複数形の we はごく一般的に使用されている。ただし、10 本の論
文中、we の頻度は論文により 0 ～ 102 回の幅があり、10 本中 2 本（CJ_001
および 002）では we, our ともにまったく使用されていない。単数形の I の出
現は確認されなかったが、これは、分析対象としたすべてが共著論文であった
ためと思われる。

　論文中での we および I の使用に関して、Carter-Thomas & Chambers
（2012）は、経済学の論文 100 本を分析し、それらが文中で実際に指示してい
る対象は、分析の目的や手法や決定したり、データを分析したりする「研究者
役割」（48.4%）が最も多く、論文中で議論の手順などの解説を行う「著者役
割」（38.1%）が続き、このほか、ある視点を取って主張や反駁を行う「論者
役割」（11.0%）や、一般的な人に言及する「総称 we」（2.5%）があると述べ
ている（p.29）。この点をふまえ、*CJ* の 1 人称の指示対象を目視で簡易検証し
た結果、大部分は、用例①のように、データの処理や解釈を担当する「研究者
役割」であった。

　このほか、代名詞としては、PIT（Pronoun it：代名詞 it）が 35% 多用され
ている。PIT の約 75% が it で、加えて its/itself などの形もある。*RC* と異な
り、*CJ* では人物に言及することがほとんどないため、*CJ* で多用される代名詞

は、書き手に言及する we と、先行する事象に言及する it に限られている。

　続いて動詞について概観する。*CJ* の動詞使用の特徴は、受動態が多いことと、それを除くと、時制・動詞タイプとも、多様性が制約されているということである。受動態については、*RC* との比較において、BYPA（By-passives：動作主あり受動態）が約79%、PASS（Agentless passives：動作主なし受動態）が約40%多用されている。BYPA では数式を提示する際に用いられる「... is given by 数式」のほか、accessed, analyzed, calculated, characterized, computed, denoted, eliminated などを含む形式が多い。PASS では used, illustrated, based などを含む形式が多い。

② ... the equation of chronological-based PeSOA is given ［BYPA］ by...（CJ_002）

③ ... high-strength ECC algorithm is used ［PASS］ for error correction（CJ_006）

　近年、一般の英語公用文では、読みにくく、煩瑣になるとして、受動態を一律に回避するような動きもみられるが、*CJ* では10本すべての論文で受動態が用いられており、受動態の回避は意識されていないようである。

　動詞時制に関しては、VPRT（Present tense：動詞現在形）が69%多用されている一方、そのほかの時制は極端に少ない。VPRT の大半は be 動詞だが、その他、allow, assume, become, conclude, consist なども多く使われている。

④ ... the ratio... *is*_VPRT calculated and used for diagnosis... （CJ_001）

⑤ The comparisons *conclude*_VPRT that the kernelized ELM... attained greater prediction accuracy...（CJ_002）

　過去形や完了形が少なく、*CJ* の動詞時制が現在形に集中しているのは、科学論文（の一部）において、永続的事実を現在形で記述する習慣が存在するた

めと考えられる。上記の用例⑤において現在形の conclude が用いられている
のもそのためである。

　また、動詞タイプの多様性も乏しいが、SUAV（Suasive verbs：説得動詞）
のみ、*RC* の2倍以上多用されている。SUAV の54%が propose（活用形含む、
以下同）で、そのほか、require, determine, allow などが多い。

⑥　... *we propose*［SUAV］a profit-maximizing mechanism for
　　user data trading...（CJ_010）

⑦　... such a black box will collect only the strictly necessary data
　　required［SUAV］for the purpose...（CJ_004）

⑧　... detect_time function is used to *determine*［SUAV］whether
　　or not the delta block is overtime...（CJ_006）

⑨　The ability to program such an application *allows*［SUAV］for
　　customized features...（CJ_009）

　これらは、新しいモデルや数式の「提案」、実験や検証の際の諸条件の「要
求」や「決定」、また、モデルや機能の拡張の「許容」などを示すもので、研
究の手順説明を説得動詞で明示的に行うのが *CJ* の動詞使用の特徴の1つであ
る。

4.1.1.2　統語構造

CJ の統語構造の特徴の1つは、省略を多用し、平明で単純な表現が主と
なっている点である。まず、補語標識を省く THATD（Subordinator *that*
deletion：that 省略）は27%多用されている。THATD の約68%は propose
［φthat］S+V の形で、このほか、add, expect, mean, observe, predict,
show の後でも that 省略が認められる。また、名詞修飾部において、関
係代名詞+be 動詞部分を省く WZPAST（Past participial WHIZ deletion
relatives：過去分詞形容詞的用法）も23%程度多用されている。WZPAST に
ついては、algorithm(s)/decision(s)/result(s)+based on X の形や、values

＋measured/computed/obtained by X の形が多い。

　このほか、*CJ* では、新しいセンテンスを立てる代わりに、前の文に補足的に情報を付加していくことが好まれ、OSUB（Other adverbial subordinators：従属接続詞）が91％多用されている。そのうち、since（44％）と while（41％）の2語で過半を占める。

⑩　... the diagnostic accuracies... are between 30% and 100%, *while*_ OSUB the accuracies achieved by the expert diagnosis method are between 0% and 100%.（CJ_001）

⑪　Blockchains can provide a truly decentralized secure fabric for the IoT, *since*_OSUB security mechanisms in the existing IoT edge still remain non-uniform...（CJ_004）

　CJ では主節と対比的な内容や主節の根拠となる内容を主節の直後に示すことが多い。文は長くなるものの、主節と従属性の関係は接続詞によって明確に示され、論理的な平明性は保たれている。

　また、[SERE]（Sentence relatives：前文参照型関係代名詞 which）は約60％多用されている。SERE の23％は、which の後に is が後続する形となっている。

⑫　The NARX model uses the CPLM algorithm, *which* [SERE] is the integration of...（CJ_002）

　ここでもまた、文は長くなっているものの、前後の接続関係は明瞭で、構文の平明性は高い。こうした一連の統語構造上の特徴は、*CJ* が、レトリックやスタンスなどの要素をできるだけ省き、得られた科学的知見を客観的に正確に記述しようとしていることを示唆する。

表 5-5　*RC* で多用される文法項目 （100 語あたり調整頻度）

項目	*CJ*	*RC*	*RC* 率	項目	*CJ*	*RC*	*RC* 率
CONC	0.032	0.156	487.5	[PUBV]	0.346	0.659	190.5
VBD	0.786	2.873	365.5	XX0	0.226	0.412	182.3
TPP3	0.318	1.157	363.8	PRED	0.437	0.702	160.6
GER	0.529	1.371	259.2	[PRIV]	1.067	1.7	159.3
TOBJ	0.045	0.116	257.8	DEMP	0.197	0.301	152.8
[PIRE]	0.05	0.118	236.0	[SPAU]	0.248	0.354	142.7
THVC	0.217	0.512	235.9	DWNT	0.132	0.185	140.2
[PEAS]	0.158	0.372	235.4	DEMO	0.704	0.969	137.6
NEMD	0.052	0.116	223.1	CONJ	0.686	0.926	135.0
EMPH	0.228	0.5	219.3	TSUB	0.182	0.242	133.0
CAUS	0.055	0.118	214.5	[PRESP]	0.116	0.151	130.2
SYNE	0.055	0.116	210.9	AWL	5.085	6.275	123.4
ANDC	0.443	0.88	198.6	TO	1.297	1.581	121.9
AMP	0.07	0.136	194.3	JJ	7.502	9.077	121.0

4.1.2　*RC* で多用される項目

　RC 頻度が *CJ* 頻度の120%を超える文法項目は36種だったが、RC 頻度が0.1 を超えるのは上記の28種であった（表5-5）。

　以下、基本品詞、統語構造、口語性の3観点に分けて概観を行う。な お、*CJ* 頻度がゼロで RC 率が計算できなかった3種のタグ（CONT, SPP2, WHQU）は、*RC* 頻度は0.1 未満であるが、*RC* の特性が強く出ている文法項 目とみなして考察に含める。

4.1.2.1　基本品詞

　RC の大きな特徴は、基本品詞がきわめて幅広いバリエーションで使用され ている点である。まず、動詞について検討しよう。

　動詞の時制に関して、*CJ* では現在形に集中していたが、*RC* では VBD （Past tense：動詞過去形）が3倍以上、PEAS （Perfect aspect：動詞完了形）が2

倍以上多用され、TO（Infinitives：to不定詞）も20%多く使用されている。

　VBDについては、be動詞、had, didの3種で約半数を占め、このほか、found, showed, revealed など、分析結果の報告に関係する語が多い。PEASについては、have been... の形が最も多く、このほか、addressed, confirmed, demonstrated, examined, found, reported, revealed, shown, suggested などが多い。TO は be が圧倒的に多く、このほか、use, provide, identify, help, make, produce, support, address などが多い。

⑬　... the qualitative analysis revealed_VBD that...（RC_007）

⑭　... these studies have ［PEAS］ revealed_ that...（RC_001）

⑮　... the present study tried *to*_TO answer the following three research questions...（RC_002）

RC では、過去形や現在完了形あるいは to 不定詞を使い分けることで、先行研究と自研究の、あるいは、自研究中での実験時点と考察時点の時間的な差が強調される。このため、*RC* の論述は、*CJ* に比べ、時系列的なストーリー性や物語性を帯びやすい。

　このほか、動詞の活用形に関して、GER（Gerunds：動名詞）も *CJ* の2倍以上多用されている。GER の49%は learning で、このほか、reading, writing, training, teaching, speaking など、言語学習関連の用語が多い。一方、研究で得られた知見を指す finding（s）が GER の14%を占めている。

　次に、動詞のタイプに関しては、行為が外的に確認できる PUBV（Public verbs：公開動詞）が90%、行為が外的に確認できない PRIV（Private verbs：私秘動詞）が60%多用されている。PUBV としては suggest, agree, pronounce, acknowledge, add, argue, claim, confirm, explain, report, write など、PRIV としては assume, believe, conclude, consider, demonstrate, expect, find, indicate, learn, note, observe, perceive, reveal などが多い。*CJ* の動詞の多くが実験手順などの表出を行うのに対し、*RC* の動詞の多くは書き手個人の主張や判断行為を表出していることに気づく。

このほか、動詞を含む文型としては、THVC（*That* verb complements：動詞＋that）が2倍以上多用される。これは、*CJ* において補語標識の that を省略したのと対照的な関係にある。また、PRESP（Present participial clauses：現在分詞節）も 30%多用されている。

次に、名詞について検討しよう。*CJ* では関係代名詞＋be 動詞の省略が一般的だったが、*RC* では TOBJ（*That* relative clauses on object position：目的格関係代名詞 that）と PIRE（Pied-piping relative clauses：前置詞随伴型関係代名詞句）が2倍以上、また、TSUB（*That* relative clauses on subject position：名詞＋主格関係代名詞 that）が 33%多用されており、関係代名詞節がきわめて多い。このうち、PIRE については、the activities/approach/aspects/context/settings/studies in which... や、the extent to which... などの形が見られる。

⑯　... continue exploring tools and techniques *that*_TSUB are easily interpretable and accessible...（RC_009）

⑰　... the difficulty *that*_TOBJ ESL students have in educational settings is understandable...（RC_010）

⑱　... real-world tasks are defined as more holistic activities *in which* [PIRE] language learners engage more broadly...（RC_005）

関係代名詞を多用し、名詞の修飾内容を長く膨らませていくことで、*RC* の言語構造は *CJ* 以上に込み入ったものになっていることが少なくない。

最後に、形容詞に関しては、PRED（Predicative adjectives：叙述用法形容詞）が 61%、JJ（Attributive adjectives：限定用法形容詞）が 21%多用される。PRED については、名詞または代名詞 it を主語とする ... is able/important/difficult/significant/likely の形が多く、JJ については、causal/different/such/（X-）based/lexical/significant＋名詞などの形が多い。

以上、動詞・名詞・形容詞の用法について概観してきた。いずれも多様な表現的バリエーションが見られ、*RC* の言語構造はしばしば複雑なものとなって

いる。

4.1.2.2　統語構造

RC では、統語構造に対して、逐次的・散発的に様々な要素が挿入・付加される。助動詞＋本動詞のコロケーションに副詞が挿入される SPAU（Split auxiliaries：分離助動詞）は 43% 多用されている。具体的には、have ＋完了形、be ＋完了形（受動態）、助動詞＋動詞といった連結部に also や already, consistently, frequently, generally, long, often, positively などの副詞が挿入される例が多い。

⑲　... those gains *can*［SPAU］also be extended to presentational language...（RC_003）

このほか、前文に別の節を挿入・付加することもあり、ANDC（Independent clause coordination：節接続）と CAUS（Causative adverbial subordinators：理由接続詞 because）はともに約2倍多用されている。

⑳　The average word count of the students' original L2 texts was 206.67, *and*_ANDC. the errors... were analyzed in terms of...（RC_006）

㉑　In light of the above, *and*_ANDC *because*_CAUS the perfect stand-alone tools does not exist...（RC_009）

文をつなぐ場合、*CJ* では、since や while などの従属接続詞によって、その都度、接続要素間の論理的関係性を明示することが多かったが、*RC* では、ANDC のように、要素間の関係性を明確にしないまま文を続ける場合も少なくない。

また、*RC* では、代名詞等を用いてテキスト内の先行内容を前方照応しがちで、TPP3（Third person pronouns：3人称代名詞）が3倍以上多いほ

か、DEMO（Demonstratives：指示詞）が 38％、DEMP（Demonstrative pronouns：指示代名詞）が 53％多用されている。TPP3 は実験参加者などに個別的に言及する際に使用される。DEMO は this＋study/result や、these ＋findings/results/types/students などの形が、DEMP は this is... や、this indicates/suggests/means などの形が多く見つかる。なお、DEMP のうち、that/those については誤解析も多い。

　以上、*RC* の統語構造に関しては、言説を展開していく中で、書き手の主観的な判断によって、逐次的に構文要素を挿入・付加したり、重層的な照応を埋め込んだりする場合が多いことが示唆された。結果的に、*RC* の統語構造はしばしば整理不十分で、複雑度が高いものとなっている。単純性と平明性に重きを置き、統制的な語彙・構文使用がなされている *CJ* に比べ、*RC* の言語的・語彙的統制は緩い。*RC* の AWL（Word length：単語長）の値が 23％ほど高くなっていることも、おそらくは、同じ文脈で理解できるだろう。

4.1.2.3　口語性

RC のもう 1 つの顕著な特徴は、口語的・対話的な要素が散見されることで、*CJ* では全く使用されていなかった CONT（Contractions：縮約）、SPP2（Second person pronouns：2 人称代名詞）、WHQU（Direct WH-questions：wh 疑問文）の使用が少数ながら認められる。これらの大半は、地の文ではなく、質問紙調査の質問項目や、実験参加者の回答文の引用、または、研究設問（research questions）内での使用によるものである。

㉒　Yes, I'*m*［CONT］interested in vocabulary teaching and learning...（RC_002）

㉓　RQ2: *What*［WHQU］are the experiences of ab initio learners...?（RC_007）

　また、話し言葉では書き言葉に比べて not 否定が多いとされるが（Biber, Johansson, Leech, Conrad, & Finegan, 1999, p.170）、*RC* では XX0（Analytic

negation：単独否定辞）が 82%、SYNE（Synthetic negation：結合否定）が
2 倍以上多用されている。このうち、SYNE の一部は、*no*_SYNE（significant/
statistical）differences exit という検定結果の報告や、論文末尾に記載する
We declare that there is *no_SYNE* conflict of interests という研究倫理声
明といった定型表現中で使用されている。

　さらに *RC* では、テキストの受け手を念頭に置きつつ、書き手の主観的なス
タンスを表出したり、陳述の強度を意図的に加減したりすることも多い。陳
述の緩和については、主張内容に留保を置く CONC（Concessive adverbial
subordinators：譲歩（although, though））が 5 倍近く、主張をやわらげる
DWNT（Downtoners：緩和語）が 40%程度多用されている。

㉔　... *although*_CONC these gains were not statistically signifi-
　　cant...（RC_002）
㉕　... intrarater reliability was considered to be *almost*_DWNT
　　perfect...（RC_009）

　こうした表現は、*CJ* に限らず、自然科学系の論文では一般に避けられるも
のであるが、*RC* ではこの種の表現が複数の論文にまたがって一般的に使用さ
れている。
　一方、陳述の強調に関しては、NEMD（Necessity modals：義務助動詞）と
EMPH（Emphatics：強意語）がそれぞれ 2 倍以上、また、AMP（Amplifiers：
強調語）が 2 倍近く多用されている。

㉖　L2 writers *must*_NEMD focus on many details during wring...
　　（RC_006）
㉗　... learners *did*_EMPH perceive occlusion adequately...（RC_009）
㉘　... this is considered to offer a *very*_AMP reliable measure of
　　the effectiveness of the approach...（RC_009）

　こうした強調も自然科学系の論文ではふつう避けられるであろう。*RC* では、客観的な学習実験の結果を報告する際にも、読み手を意識した書き手のスタンス表出がなされることが多い。

　このほか、提示する情報の論理的接続性をコメント的に示すCONJ（Conjuncts：合接詞（consequently, however など））が35%多用される。この中には、逆接を示す however や nonetheless、例示を示す e.g. や for example/instance、結論や要約を示す thus, i.e., therefore, hence, consequently、情報の添加を示す moreover や furthermore、また、in addition [summary, particular, contrast, other words など] や、on the contrary [other hands] などの副詞句が含まれる。*CJ* が従属接続詞によって節と節の論理関係をその都度明確に定義するのに対し、*RC* は ANDC（節接続）などで曖昧な形で文を続けながら、書き手が必要だと思う箇所で、適宜、合接詞で文の論理関係を補足しているように思える。これは、堅い書き言葉というより、逐次的に進行する話し言葉の特性に近い。

　以上で見てきたように、*CJ* と比べ、*RC* には全体として口語的・対話的な特性が見られる。*RC* 論文の著者は、無色透明の書き手であるというよりも、時折、テキストに介入し、自身の主観的な判断によって陳述の強度を調整したり、あるいは陳述にコメントをつけたりすることで、テキストの受け手との関係を調整しているように思える。

4.2　RQ2 次元とテキストタイプ

　はじめに、*CJ* と *RC* の各論文の次元スコアを概観しておこう（図5-3、図5-4）。

　個々の論文によって若干の上下の入れ替わりはあるが、D3 と D5 が高く、D2・D4・D6 が次に高く、D1 が最も低い、という大きな傾向はすべての論文に一貫している。D3/5 が高く、D1 が低いというのは、科学的説明および専門的説明という2つのテキストタイプの典型的な次元特徴である。

　次に、10論文の平均値に着目しよう。表5-6 には、*CJ* と *RC* の次元スコアの平均と、スコア降順による順位を示す。また、次元ごとに、*CJ* と *RC* で値

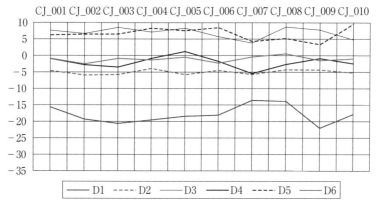

図5-3 *CJ* の各論文の次元スコア

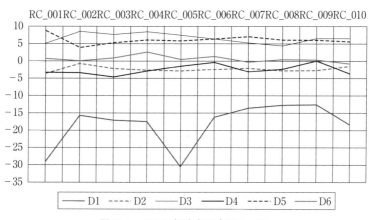

図5-4 *RC* の各論文の次元スコア

が大きいほうを太字で示している。さらに、一般的な英語資料と比較すべく、Biber（1988）で調査された各種の言語使用域の次元スコア（pp.122-125）のうち、6つをサンプルとして併記する。

　まず、各種英語変種と比較した場合、*CJ* および *RC* の言語特性は、D1 では公文書、D2 では公文書または学術文、D3 では公文書、D5 では学術文、D6では *CJ* は公文書、*RC* は学術文に近いことが示された。全体として、公文書または学術文との近接性が強い。ただし、D4 については、スコア上、類似し

表 5-6　*CJ, RC*、主要英語変種の次元スコア

	D1	D2	D3	D4	D5	D6
CJ	−17.9 (6)	−5.0 (5)	+6.9 (1)	−2.0 (4)	+6.6 (2)	−1.1 (3)
RC	−18.3 (6)	−2.4 (4)	+6.6 (1)	−2.5 (5)	+6.1 (2)	+0.6 (3)
新聞論説	−10.0	−0.8	+1.9	+3.1	+0.3	+1.5
公文書	−18.1	−2.9	+7.3	−0.2	+4.7	−0.9
学術文	−14.9	−2.6	+4.2	−0.5	+5.5	+0.5
一般小説	−0.8	+5.9	−3.1	+0.9	−2.5	−1.6
対面会話	+35.3	−0.6	−3.9	−0.3	−3.2	+0.3
自発発話	+18.2	+1.3	+1.2	+0.3	−2.6	+2.6

た使用域は存在しない。

　次に、6つの次元スコアの順序について言うと、*CJ* では、D3＞D5＞D6＞
D4＞D2＞D1 となった。*RC* では4位と5位がわずかの差で入れ替わるものの、
そのほかの順位は同じだった。このことは、コンピュータ工学・コンピュータ
援用言語学習というジャンルの違いに関わらず、学術論文として両者が類似し
た言語特性を持っていることを示すだろう。

　なお、前述のように、MAT では、Biber のオリジナルのソフトウェアに比
べ、D3 を高めに推定する可能性が指摘されている。ただ、LOB コーパスを用
いた検証で示されたズレ幅の最大値（＋3.22）を引いても、D3 と D5 の順位
は入れ替わりうるが、D3/5＞D2/4/6＞D1 という基本的な順位性は変わらな
い。

　続いて、次元スコアにおける *CJ* と *RC* の差について考えてみたい。6次元
のうち、D1（対人関与 vs 情報伝達）と D3（状況独立的 vs 状況依存的）はス
コアの差が0.5ポイント未満で、ジャンル間で大きな差はない。しかし、それ
以外の次元については一定の差が見られる。要約して言えば、*CJ* は *RC* に比
べ、現在形中心の記述のために物語性が著しく低く（D2）、説得性がやや強く
（D4）、受動態・接続詞などを多用するために専門性・抽象性・格式性が高く
（D5）、会話的な逐次性が著しく低い（D6）。逆に、*RC* は *CJ* に比べ、過去形
や完了形などの多様な時制を用いて時系列的に語るために物語性が高く（D2）、

表5-7　推定テキストタイプ

	科学的説明	専門的説明	その他
CJ	7	3	0
RC	5	5	0
合計	12	8	0

説得性がやや低く（D4）、口語的要素が散見されるために専門性・抽象性・格式性が低く（D5）、後置修飾やコメント要素挿入などを多用するために会話的な逐次性がかなり高い（D6）と言える。

　最後に、Biber（1988）の基準に伴い、個々の論文ごとに最近接のテキストタイプを推定したところ、上表のようになった（表5-7）。

　両分野とも、全ての論文が、例外なく、「形式的で、情報伝達を旨とする、高度に専門的な情報説明文など」と定義される科学的説明か、「形式的で、情報伝達を旨とする、情報説明文など」と定義される専門的説明に分類された。科学的説明の比率は*CJ*のほうが高いが、いずれの分野にも、両方のタイプのテキストタイプが存在している点に注意が必要である。

4.3　RQ3 個別論文分類

　最後に、個別論文と文法項目という2つのアイテムカテゴリデータに対して対応分析を実施したところ、以下の散布図を得た（図5-5）。

　第1軸（横軸）の寄与率は30.4%、第2軸（縦軸）の寄与率は13.7%である。データは、まずもって、寄与率の大きい第1軸によって左右に、次いで第2軸によって上下に区分される。中央部に集まった論文の布置状況を確認する前に、文法項目の布置状況から2つの軸が持つ意味を考えておきたい。

　第1軸については、左端から順に、［WHQU］（wh疑問文）、SPP2（2人称代名詞）、［CONT］（縮約）、［PROD］（代動詞 do）などが、右端から順に、DPAR（談話標識 well, now など）、COND（条件 if, unless など）、［SUAV］（説得動詞）、BYPA（動作主あり受動態）などが並ぶ。第1軸は、口語的で対話的な言説（左側）と、客観的で形式的な言説（右側）を区別する軸と言えよ

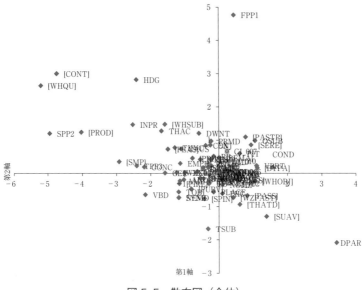

図5-5　散布図（全体）

う。

　次に、第2軸については、下から順に、前述のDPAR、TSUB（主格関係代名詞that）、［SUAV］、［THATD］（that省略）などが、上から順にFPP1（1人称代名詞）、［CONT］、HDG（ヘッジ）、WHQUなどが並ぶ。第2軸は実験や論証の過程を順序だてて説明する手順説明的言説（下側）と、スタンス表出的言説（上側）を区別する軸と考えられる。

　続いて、図5-5の原点付近にかたまっている20本の論文の布置状況を確認するため、図5-5中央部を拡大したところ、以下の散布図を得た（図5-6）。

　初めに注目すべきは、主軸である第1軸によって、2つの分野の論文が明確に左右に分離されていることである。*CJ*論文はすべて右側（客観的・形式的言説）に、*RC*論文はすべて左側（口語的・対話的言説）に布置されている。このことは、個別的な論文や書き手の差、また、扱うトピックの差を超えるレベルで、2分野間の論文の言語特性に安定的な異なりが認められることを実証している。

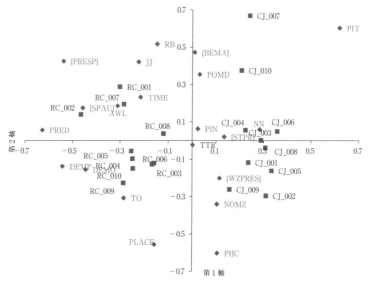

図 5-6 散布図（原点付近を拡大）

　また、第2軸に注目すると、*CJ* については、007、010 などが上部（スタンス表出的言説）に、002、009 などが下部（手順説明的言説）にわかれる。また、*RC* については 001、007、002 などが上部に、009 などが下部にわかれる。このことは、同じ分野の論文であっても、扱うトピックや、依拠する研究アプローチによって、言語的性質がある程度変質しうる可能性を示す。

5. おわりに

5.1 本研究で得られた知見

　以上、本研究では、Biber の MD 法を援用しつつ、コンピュータ工学分野の論文（*CJ*）と、コンピュータ援用言語学習分野の論文（*RC*）の言語特性の位相を記述的に検討してきた。得られた知見をまとめておきたい。

　まず、RQ1（文法項目）については、*CJ* の側で多い項目として、［SUAV］（説得動詞）、OSUB（従属接続詞）、［BYPA］（動作主あり受動態）、VPRT

（動詞現在形）、FPP1（1人称代名詞）など、10種の項目を特定した。また、RC の側で多い項目として、CONC（譲歩）、VBD（動詞過去形）、TPP3（3人称代名詞）、GER（動名詞）、TOBJ（目的格関係代名詞 that）など、28項目を特定した。これらのタグを手掛かりとしてテキスト分析を行った結果、*CJ* には、we 使用、受動態使用、動詞の制約的使用（現在形中心）、省略による統語構造簡略化などの言語的性質が認められた。また、*RC* には、動詞（各種時制・動名詞・to 不定詞など）・名詞・形容詞といった基本品詞の多様な使用、逐次的な要素挿入による統語構造の複雑化、口語的・対話的要素使用（陳述の緩和・強調）などの言語的特質が認められた。

　RQ2（次元スコアとテキストタイプ）については、*CJ*、*RC* とも、次元スコアが D3/5＞D2/4/6＞D1 となることが示され、両者が多様なテキストタイプの中で学術論文としての共通性を有することが確認された。一方、各次元スコアの高低により、*CJ* は *RC* に比べて物語性が著しく低く（D2）、説得性がやや強く（D4）、専門性・抽象性・格式性が高く（D5）、会話的な逐次性が著しく低く（D6）、*RC* は *CJ* に比べて物語性が高く（D2）、説得性がやや低く（D4）、専門性・抽象性・格式性が低く（D5）、会話的な逐次性がかなり高い（D6）ことが示された。また、テキストタイプについては、*CJ* は10本中、「科学的説明」が7本、「専門的説明」が3本だが、*RC* はそれぞれ5本ずつになることもわかった。

　RQ3（個別論文分類）については、20本の個別論文と67種の文法項目を2つのアイテムとするクロス表に対して対応分析を行った結果、「口語的・対話的言説 vs 客観的・形式的言説」を区分する第1軸、「手順説明的言説 vs スタンス表出的言説」を区分する第2軸が取り出され、第1軸上で、*CJ* の10本と、*RJ* の10本が、重なりなく峻別されることがわかった。また、*CJ*、*RJ* ともに、内部に手順説明型とスタンス表出型の両方の論文が含まれることも確認された。

　以上、Biber の MD 法を援用したデータ分析によって、コンピュータ工学分野の *CJ* と、コンピュータ援用言語学習分野の *RC* に掲載された学術論文の言語特性に関して、両者をつなぐ共通性とともに、相互に独立した相違点が存

在することが示された。本研究の知見は、ESP 研究や、自然科学系・人文科学系のアカデミックライティング指導に対して一定の意義を持つと思われる。

5.2　MD 法分析の課題

　もっとも、MD 法に依拠したケーススタディとしての本研究には、今後検討すべき課題も少なくない。ここでは、そうした課題の中から5点を取り上げ、問題のありようと対処の方向を示しておきたい。

　1点目はサンプル数の問題である。本研究では、*CJ*、*RC* とも、10 本の論文を分析したが、Biber, Conrad, Reppen（1998）による同様の実践では 20 本の論文が分析されている（p.159）。ジャンル特性をより安定的に取り出すためには、サンプル数の拡大が必要になるだろう。

　2点目は論文タイプの多様性の問題である。*CJ*、*RC* とも、分析対象とした10 論文には、下位分野や研究アプローチの異なるものが混在していた。*CJ* については、数式が多い数理的な論文もあれば、コンピュータ技術の社会応用に力点を置いた論文もあり、*RC* については、実験系・計量系の論文もあれば、アンケート調査を主体とした質的研究もある。こうした論文タイプの違いは、各文法項目の頻度に直接的な影響を及ぼしうる。この点に関して、生物学論文と言語学論文の構成語彙の比較を行った Poudat & Follette（2012）は、分野間で差が見られただけでなく、同じ生物学分野であっても、研究論文（research articles）か展望論文（review articles）かによって語彙・文体指標・品詞に差があったことを報告している（p.179）。こうした影響を統制するには、分析する論文のタイプをそろえるという処理も想定されるが、そうした場合、分野を網羅的に扱っているとは言えなくなるだろう。MD 法による分析において、分野内・学術誌内での論文タイプの多様性をどう扱うべきかさらに検討が必要である。

　3点目は言語使用域の階層性の問題で、つまりは、特定のデータから得られた結果がどの階層の言語使用域を代表しているのか、という論点である。前述の Poudat & Follette（2012）は、いわゆる「論文の語彙」が、実際には、学術論文全体の語彙、二大研究領域（自然科学・人文科学）の語彙、専門研

究分野（生物学・言語学）の語彙に区分されることを指摘している（p.178）。Biber & Conrad（2009）も、学術文という言語使用域が、実際には、教科書・研究書・研究論文などに区分され、その各々が多様な分野に区分され、論文についてはさらに部位（導入・手法・結果・考察）ごとに区分されると述べている（p.32）。こうした下位区分は、それぞれ独自の言語特性を示しうる。たとえば、学術論文の構成部位について言えば、知見の要約と科学的意義の主張がなされる考察部では受動態が多用されることなどが知られている（Biber & Conrad, 2009, p.130）。

　言語使用域が入れ子のような階層構造を持ち、その各々が異なる語彙的・文法的性質を持っているとするならば、本研究で得られた差異の解釈も極めて困難になるだろう。今回の研究では、学術論文という枠組みのもと、自然科学系論文と人文科学系論文の言語特性の差異を調べるため、コンピュータ工学とコンピュータ援用言語学習という2つの学問分野をサンプルとして、それぞれを代表する *CJ* と *RC* という2つの学術誌を選び、最終的には、各々に含まれる10論文を直接の分析対象とした。MD分析によって多くの差異が検出されたわけであるが、これらがたまたま選ばれた10論文の差異なのか、2種の学術誌の差異なのか、コンピュータ工学とコンピュータ援用言語学習という分野の差異なのか、自然科学系・人文科学系という二大研究領域の差異なのかは、実のところ、現在の分析の枠組みではこれ以上切り分けることができない。

　言語使用域を分析する際のレベルをどう決めるかに関して、Biber & Conrad（2009）は「言語使用域の分析を行う際に、『適切な』単一のレベルなど存在しない」としつつも（pp.32-33）、一般的には、上位の言語使用域の分析から始め、下位の言語使用域の分析に進めていくのが常道だと述べている。しかし、どの階層の分析であっても、それより上位ないし下位の階層の特徴が混入しているという可能性は残る。こうした可能性を検証するには、入れ子の階層ごとに複数のデータセットを用意し、それらの言語特性の差異を丁寧に観察することで、得られた知見の真の帰属先を確定していくほかないだろう。

　4点目は分析の枠組みの問題である。本研究は、Biber（1988）で提示された67種の文法項目に基づく6次元の枠組みをそのまま利用したが、分析対象

に合わせ、枠組みそのものを修正する余地もあるだろう。67 種の文法項目は、Biber（1988）が英語の書き言葉・話し言葉の分類に関する各種の先行研究などをふまえて決定したものだが、その後、Biber & Conrad（2009）では、言語使用域分析で注目すべき項目として、さらに幅広い項目が挙げられている（pp.78-82）。たとえば、動詞を例にすると、自動詞・他動詞タイプ、コピュラ（be, become など）、句動詞、準助動詞（have to など）、意味タイプ（活動動詞・伝達動詞・心理動詞・願望動詞）、無生物主語と連結する動作動詞（the study demonstrates... など）などである。学術論文の分析においてこれらの項目を組み込むことは有望な方向性であると思われる。なお、Biber が選んだ 67 種の文法項目については、品詞レベルに偏っており、構文レベルが十分に考慮されていないという批判や（Altenberg, 1989）、選択が恣意的であるという批判（McEnery & Hardie, 2012, p.114）もある。

　また、6 次元（元来は 7 次元）は、書き言葉と話し言葉の分類に最適化された枠組みとして抽出されたものであるが、その後、Biber（2006）は、大学生活に関連する多様な言語資料（講義・教科書・参考文献・大学カタログ・シラバスなど）を集めた TOEFL 2000 Spoken and Written Academic Language（T2K-SWAL）Corpus を分析することで、Oral-Literate（口頭 vs 文字）、Procedural-Content-focused（手順 vs 内容）、Reconstructed account of events（事象の再構成）、Teacher-centered stance（教師主導スタンス）という新しい 4 つの次元をコーパスから取り出している。学術論文のジャンル分析についても、学術論文に特化した次元を作り、それを手掛かりとして分析する方向も考えられる。

　最後に、5 点目は、技術的側面に関わる観点であるが、使用したタガーの精度の問題である。MAT は、開発者の検証において Biber 自身の分析結果と高い一致度を示しており、信頼できるソフトウェアだと言える。しかし、本研究において、タグ付けの結果を質的に検証したところ、たとえば、関係代名詞と同格接続詞の that が混同されたり、代動詞と本動詞の do が混同されたりするなど、誤解析事例が少なからず認められた。今回の分析では、MAT の出力結果をそのまま使って次元スコアを計算したが、誤解析を手作業で修正した上で

次元スコアの計算を行い、結果を確認する必要は残る。

　以上で述べた課題については今後の研究の中で対処していく必要があるものの、本稿で試行した「MD法によるESP研究」というアプローチ自体はきわめて有望な研究の方向性と言える。もちろん、MD法については、一部の研究者以外には十分に広まっていないという問題や、特徴語や2語連鎖の分析でもほぼ同様の結果が得られるという指摘もあるものの（McEnery & Hardie, 2012, p.111）、67種の文法項目を網羅的に見ることで得られるものは少なくない。

　McEnery & Hardie（2012）は、MD法の普及が進まない最大の要因は、分析を簡易に実行できるソフトウェアが存在しないことであると述べていたが（p. 111）、本研究で使用したMATは、こうした現状を変える契機となりうる。日本のESP研究においては、語彙分析や特徴語分析は古くから盛んに行われてきたが、MD法の利用は必ずしも一般的ではなかった。今後、個別語を単位として得られた過去の知見の蓄積に、文法単位という別の観点からの知見を加えていくことで、ESPの各分野のテキストの言語的特性をより立体的に把握することが可能になるものと期待される。

引用文献

Altenberg, B. (1989). Review of D. Biber (1988), *Variation across speech and writing*. *Studia Linguistica, 43* (2), 167-174.

Atkinson, D. (2001). Scientific discourse across history: A combined multi-dimensional/rhetorical analysis of the *Philosophical Transcations of the Royal Society of London*. In S. Conrad & D. Biber (Eds.), *Variation in English: Multi-dimensional studies* (pp.45-65). Pearson.

Biber, D. (1988). *Variation across speech and writing*. CUP.

Biber, D. (2006). *University language: A corpus-based study of spoken and written registers*. John Benjamins.

Biber, D., & Conrad, S. (2009). *Register, genre, and style*. CUP.

Biber, D., Conrad, S., & Reppen, R. (1998). *Corpus linguistics: Investigating language structure and use*. CUP.

Biber, D., & Egbert, J. (2021). *Register variation online*. CUP.

Biber, D., & Finegan, E. (2001a). Diachronic relations among speech-based and written registers in English. In S. Conrad & D. Biber (Eds.), *Variation in English: Multi-dimensional studies* (pp.66-83). Pearson.

Biber, D., & Finegan, E. (2001b). Intra-textual variation within medical research articles. In S. Conrad & D. Biber (Eds.), *Variation in English: Multi-dimensional studies* (pp.108-123). Pearson.

Biber, D., Johansson, S., Leech, G., Conrad, S., & Finegan, E. (1999). *Longman grammar of spoken and written English*. Pearson.

Carter-Thomas, S., & Chambers, A. (2012). From text to corpus: A contrastive analysis of first person pronouns in economics article introductions in English and French. In A. Boulton, S. Carter-Thomas, & E. Rowley-Jolivet (Eds.), *Corpus-informed research and learning in ESP: Issues and applications* (pp.17-44). John Benjamins.

Conrad, S. (2001). Variation among disciplinary texts: A comparison of textbooks and journal articles in biology and history. In S. Conrad & D. Biber (Eds.), *Variation in English: Multi-dimensional studies* (pp.94-107). Pearson.

Conrad, S. (2015). Register variation. In D. Biber & R. Reppen (Eds.). *The Cambridge handbook of English corpus linguistics* (pp.309-329). CUP.

Conrad, S., & Biber, D. (Eds.). (2001). *Variation in English: Multi-dimensional studies*. Pearson.

McEnery, T., & Hardie, A. (2012). *Corpus linguistics: Method, theory and practice*. CUP.

Nini, A. (2019a). The multi-dimensional analysis tagger. In T. B. Sardinha & M. V. Pinto (Eds.), *Multi-dimensional analysis: Research methods and current issues* (pp.67-94). Bloomsbury.

Nini, A. (2019b). Multidimensional analysis tagger (v.1.3): Manual. Retrieved from https://tinyurl.com/yasgrqkl

Poudat, C., & Follette, P. (2012). Corpora and academic writing: A contrastive analysis of research articles in biology and linguistics. In A. Boulton, S. Carter-Thomas, & E. Rowley-Jolivet (Eds.), *Corpus-informed research and learning in ESP: Issues and applications* (pp.167-191). John Benjamins.

付表：MD 法で用いられる文法項目

(A) 時制・アスペクト標識：1 Past tense (VBD), 2 Perfect aspect (PEAS), 3 Present tense (VPRT)

(B) 場所・時を表す副詞類：4 Place adverbials (PLACE), 5 Time adverbials (TIME)

(C) 代名詞と代動詞―(C1) 人称代名詞：6 First person pronouns (FPP1), 7 Second person pronouns (SPP2), 8 Third person pronouns (TPP3)／(C2) 非人称代名詞：9 Pronoun it (PIT), 10 Demonstrative pronouns (DEMP), 11 Indefinite pronouns (INPR)／(C3) 代動詞：12 Proverb do (PROD)

(D) 質問：13 Direct WH-questions (WHQU)

(E) 名詞：14 Nominalizations (NOMZ), 15 Gerunds (GER), 16 Total other nouns (NN)

(F) 受動態：17 Agentless passives (PASS), 18 By-passives (BYPA)

(G) 状態：19 Be as main verb (BEMA), 20 Existential there (EX)

(H) 従属―(H1) 補部構造：21 That verb complements (THVC), 22 That adjective complements (THAC), 23 WH-clauses (WHCL), 24 Infinitives (TO)／(H2) 分詞：25 Present participial clauses (PRESP), 26 Past participial clauses (PASTP), 27 Past participial WHIZ deletion relatives (WZPAST), 28 Present participial WHIZ deletion relatives (WZPRES)／(H3) 関係詞：29 That relative clauses on subject position (TSUB), 30 That relative clauses on object position (TOBJ), 31 WH relative clauses on subject position (WHSUB), 32 WH relative clauses on object position (WHOBJ), 33 Piedpiping relative clauses (PIRE), 34 Sentence relatives (SERE)／(H4) 副詞句：35 Causative adverbial subordinators (CAUS), 36 Concessive adverbial subordinators (CONC), 37 Conditional adverbial subordinators (COND), 38 Other adverbial subordinators (OSUB)

(I) 前置詞・形容詞・副詞―(I1) 前置詞句：39 Total prepositional phrases (PIN)／(I2) 形容詞・副詞：40 Attributive adjectives (JJ), 41 Predicative adjectives (PRED), 42 Total adverbs (RB)

(J) 語彙特性：43 Type-token ratio (TTR), 44 Word length (AWL)

(K) 語類：45 Conjuncts (CONJ), 46 Downtoners (DWNT), 47 Hedges (HDG), 48 Amplifiers (AMP), 49 Emphatics (EMPH), 50 Discourse particles (DPAR), 51 Demonstratives (DEMO)

(L) 法助動詞：52 Possibility modals

(POMD)、53 Necessity modals (NEMD)、54 Predictive modals (PRMD)

(M) 特殊動詞：55 Public verbs (PUBV)、56 Private verbs (PRIV)、57 Suasive verbs(SUAV)、58 Seem|appear(SMP)

(N) 省略形：59 Contractions (CONT)、60 Subordinator that deletion (THATD)、61 Stranded preposition (STPR)、62 Split infinitives (SPIN)、63 Split auxiliaries (SPAU)

(O) 等位接続：64 Phrasal coordination (PHC)、65 Independent clause coordination (ANDC)

(N)否定：66 Synthetic negation(SYNE)、67 Analytic negation (XX0)

第 **6** 章

日本語工学テキストのコロケーションの英語化
― コーパスベースでの検証 ―

松田　真希子　（金沢大学）

mts@kanazawa-u.ac.jp

Englishization of Collocations in Japanese Engineering Texts: A Corpus-Based Study

MATSUDA　Makiko　(Kanazawa University)

Abstract

This paper is a corpus-based examination of the Englishization of collocations found in Japanese engineering academic texts. Using the Japanese BCCWJ and the English BNC and PERC corpora, the following results were obtained: 1. Some Japanese collocations seem to be direct translations of English collocations in the field of engineering. 2. Some verbs tend to be written in hiragana when their meanings are extended to science and engineering. 3 Some Japanese engineering collocations deemed in past studies to be Englishized in fact are not. The implementation of the results of this research may make it easier for both Japanese learners and English learners of Japanese to understand specialized collocations by activating their knowledge of English and Japanese.

1. は じ め に

　言語と言語の間に境界線を引かず、個人の言語資源全体を用いてコミュニケーションを行う考え方である Translanguaging（Garcia&Wei, 2014）が言語使用や言語教育の中で影響力を与えている。日本においては、日本語に対する英語化を言語接触やその生態系として考える議論に近年関心が高まっている（嶋田他 2019）。「「B」という文化が強ければ強い程、或いは魅力的であればある程、「B」の言葉を始め、表現、文章、そして教育を通じて論理構造まで、「A」という文化に対して、大きな影響力を持つ事は言語学会の中で最早常識になっている。」（ベッカー 1996：95）と述べているように、言語接触による言語変容は個人レベルから集団のレベルで、単なる表記・語彙のレベルにとどまらず、文章、論理構造まで影響を与えている。日本語は歴史的には漢語やオランダ語が「B」であり、20世紀、特に 1970 年代以降は英語が「B」となり、急速に英語化が進んでいる（中村 1998）。

　日本語では、「値をとる」「次式で与えられる」のような工学の専門的な言い回しやコロケーションが「しょうゆをとる」「罰を与える」などの日本語の典型的なコロケーションとは異なることがある。これらのコロケーションは「気づかれにくい専門語」として専門日本語教育の研究の対象となってきた（喜古 2013, 2014, 2015、佐藤・花園 2009, 2010 他）。山田・松田（2020）では、これまで指摘されてきた工学の気づかれにくい専門コロケーションの多くが、英語からの直訳に基づくもの、すなわち日本語の英語化によるものである可能性を指摘した。

　工学に限らず、日本語の学術文書の英語化については既にベッカー（1996）でも指摘されている。ベッカーは表記から語彙、文法構造に至るまでどのように英語化しているかについて、例を挙げて説明している。例えば、コロケーションについては以下が取り上げられている（ベッカー 1998：99）。

have → 持つ	会議が持たれる、パティーを持った	古田 90
	理解を持つ、集会を持つ	喜多 44
take → とる	責任を取る、食事を攝る、写真を撮る	藤田 361
	休息を取る、出席を取る	喜多 44
pay → 払う	尊敬を払う、注意を払う、罰を払う	研究社

　しかし、専門日本語教育研究の文脈では、「一般的か専門的か」「文系か理系か」の境界線をいかに引くかが議論の中心に置かれ、「英語的か日本語的か」という軸で専門日本語が分析されることはほとんどなかったように思われる。それは、日本語教育の文脈の中で考えると、日常的な場面で使用される一般的な日本語から分野に特化した専門的な日本語へとインプットの移行が行われるためであろう。しかし、英語のグローバル化が進む中、英語をレパートリーの一つとしてもつことが圧倒的に多い日本の工学留学生においては、「英語的であるかどうか」または「英語と日本語の境界性が溶けている領域はどこか」という情報は、「専門的であるかどうか」同様に重要な情報であろう。また逆に工学の専門を英語で学ぶ日本人英語学習者にとっても英語との直感的な対応がある日本語コロケーションの情報を得ることは有益だろう。

　しかし、これまで、現象としては指摘があった専門テキストにおけるコロケーションの英語化が、どの程度計量的に示されるかについての検討がされていない。また、英語化した日本語コロケーションはどのような傾向をもつかについての量的な研究もない。そこで、本論文では、コロケーションとしての英語が日本語の工学テキストにどの程度特徴的な現象として現れるのかについて、コーパスベースでの検討を行う。

2.　リサーチデザインと手法

2.1　研究目的と RQ

　上記の問題意識に基づき、本論文では以下の RQ を設定した。

RQ1 英語コロケーションを直訳すると日本語のコロケーションになるか

RQ2 日本語の工学コロケーションにはどのような出現特性があるか

RQ3 日本語の特殊な工学コロケーションは本当に英語（外国語）の影響を
受けて変容したのか

2.2 言語資料

　日本語側は現代日本語書き言葉均衡コーパス（BCCWJ）を用いた。主に用
いたのは出版書籍サブコーパス、教科書サブコーパス（小中校理科・数学）と
白書の科学技術系白書（科学技術白書、情報通信白書）である。また一部の語
の分析のために日本語歴史コーパス（CHJ）も用いた。BCCWJ を用いた理由
はレジスター情報や年代情報が付与されており、検索が容易であると判断した
ためである。また英語側の BNC コーパスと性質的にも類似しているためであ
る。

　検索にあたっては前後の語数は 10 語、文境界をまたがない設定にした。分
析はフリーのテキストマイニングツール KH-coder でコロケーション統計や共
起ネットワーク分析を行った。

　英語側は Target Corpus として PERC Corpus を、Reference Corpus と
して BNC コーパスを用いた。PERC Corpus（旧称 Corpus of Professional
English（CPE））は、医学、生物、物理、数学、化学、通信等の科学技
術・理工学分野における著作権使用許諾を得た約 1,700 万語の学術雑誌
論文からなるコーパスである。The British National Corpus（BNC）は、
BNC Consortium という学術団体によって 1994 年に完成された、書きことば、
話し言葉あわせて 1 億語からなる大規模なイギリス英語コーパスである。英
語の場合は BNC online、PERC online のコロケーション検索機能を用いて分
析を行った。コロケーション分析で検索語を動詞、共起語を名詞として上限の
500 件まで検索し、それぞれのコーパスから得られた共起語名詞（右側 1、2、
3 番目に出現した語すべて）の頻度情報をもとに対数尤度比（LLR）を計算し
た。左側に出現した名詞は主語に立つ語が多く、特徴語を抽出するのに適さな
いと考え、計算に含めなかった。

表6-1　分析対象語とコロケーション例

	日本語	コロケーション例	英語	コロケーション例
1	N がかかる／N をかける	衝撃荷重がかかると	N is applied	When a shock load is applied,
2	N と置く	存在しない場合は0と置く	place N	placing 0 when the domain does not exist.
3	N を取る	排他的論理和をとる。	take N	takes the exclusive OR
4	N を持つ	大きな誤差エラーをもつ	have N	an error having a numerically large error
5	N を求める	組合せ最適解を求める	find N	Finding Combinatorial Optimum Solution
6	N に働く	粒子間に働く力	act on N work	Forces acting between particles

　分析対象とした動詞はこれまでの先行研究で指摘のあった工学コロケーションに含まれる動詞「かかる」「おく」「とる」「もつ」「もとめる」「はたらく」の6語である。下に例と対応する英語を示す。

3.　結果と考察

3.1　RQ1 英語コロケーションを直訳すると日本語のコロケーションになるか

　結果を表6-2に示す。当該の動詞の右側に特徴的に出現する名詞のLLR上位5語とそれぞれのコーパスでの共起頻度、LLRを表している。分析の結果、英語のコロケーションとして上位にあがるものの中に、日本語で分かりにくいとされているいくつかのコロケーションを見つけることができた。該当語を下線で示す。しかしそれほど多くは見られなかった。今回は紙幅の都合で上位5語だけを抽出したが、もう少し下位の語にまで対象を広げれば、日本語の分かりにくい工学コロケーションをある程度カバーできると思われる。

表6-2　工学コーパス中の英語動詞の共起語とその日本語訳

		日本語コロケーション	PERC	BNC	LLR
	model	モデルを応用する	38	128	273.29
	theory	理論を応用する	24	142	147.86
apply	results	結果を当てはめる	20	338	84.28
	pressure	圧力をかける	14	166	68.05
	test	テストを適用する	12	154	56.52
	constraints	制約を加える	16	24	19.69
	emphasis	重きを置く	10	222	18.75
place	demands	要求を出す	14	24	15.07
	boundary	境界を設定する	4	2	9.64
	bounds	境界を設定する	4	2	9.64
	advantage	利用する	258	2484	1027.1
	values	値をとる	60	44	460.81
take	consideration	考慮に入れる	42	152	219.03
	form	形をとる	64	704	210.81
	value	値をとる	30	50	193.89
	values	値をもつ	240	148	2455.48
	potential	ポテンシャルをもつ	230	300	2115.7
have	impact	インパクトをもつ	284	1274	2078.74
	properties	特性をもつ	218	228	2067.12
	influence	影響力をもつ	244	608	2004.61
	solution	解を求める	64	294	173.74
	set	(find a set of...)	34	32	172.61
find	differences	違いを求める	28	22	148.34
	values	値を求める	24	16	131.8
	applications	応用する	24	22	122.2
	systems	システムが作用する	10	8	36.33
	way	(work the way...)	4	544	33.24
work	conditions	(work under conditions)	12	42	19.34
	government	(work government)	12	46	17.8
	places	(work places)	6	12	14.4

3.2　RQ2　日本語の工学コロケーションにはどのような出現特性があるか

　次に、日本語の工学コロケーションにはどのような出現特性があるかについて検討した結果について述べる。日本語の工学コロケーションは「値をとる」「値をもつ」のように、工学に特有のコロケーションの多くが漢字ではなくひらがな表記される傾向にある。そのため、本論文では、表記による分野の異なりがあるか着目し、コーパスベースでその傾向が確認できるかを調査した。

　対象としたコーパスはBCCWJの書籍サブコーパスである。調査した語は「はたらく」「もつ」「とる」の3語である。データ収集にあたっては、BCCWJ書籍サブコーパスで「はたらく／働く」「もつ／持つ」「とる／取る」の用例を収集した後、それらの動詞と名詞・助詞との共起状況についての分析を行った。

　名詞（代名詞、複合名詞含む）との共起状況を確認したところ、「働く」には明確な共起傾向の異なりが確認された。分析で得られた共起ネットワーク図を図6-1に示す。

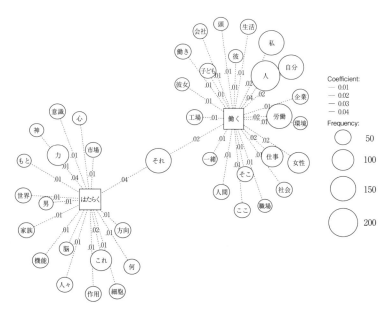

図6-1　BCCWJ書籍サブコーパス「はたらく／働く」の共起名詞の異なり（最大出現数30以上）

　漢字の「働く」の場合、「だれ（人）」が「どこ（場所）」で働くかといった
ことがコロケーションの中心であるのに対し「はたらく」の場合「なに（無生
物）」が「はたらく」かがコロケーションの中心となっている。「はたらく」と
「力」は共起係数が 0.04 であり「力がはたらく」という物理的なコロケーショ
ンが「はたらく」において特徴的であることが分かる。「働く」は「人」が
0.04、「自分」「私」「仕事」「女性」との係数が 0.02 であった。現代語において
「働く」はまず労働の意味で用いられているといえる。

　また、Jaccard 係数 0.01 のものをみると「はたらく」は「市場」「意識」「脳」
「機能」「心」「方向」などが「働く」にはない特徴語として目に留まる。その
ため、物理学以外にも、医学、精神保健、経済学などでの特殊な使われ方を
していると考えられる。一方「働く」の場合は「工場」「会社」「職場」「企業」
など、「働き先」に関する名詞が特徴的である。そのため、ひらがな表記の場
合では医学・科学技術的な意味で用いられているといえるだろう。下に例を示
す。

① 　p五十三遺伝子がガン病巣でうまくはたらき始めると、ガンが縮小して
　　いくと考えられています。　　　　　　　（『ガン全種類別・最新治療法』、2003）
② 　電気力がはたらく電場と磁気力がはたらく磁場が組み合わさり、空間を
　　伝わっていくこと　　　（『一冊で宇宙と地球のしくみをのみこむ本』、2001）

　「もつ／持つ」も「はたらく／働く」と同様の分析を行った。共起語分析の
結果を図 6-2 に示す。「持つ」も「働く」と同様、共起語の傾向として「だれ
（人）」が持つか、そして「何に（手に）」というものが特徴的に表れ、「もつ」
のほうは抽象性の高い概念や力を持つという傾向が表れた。しかし、「持つ」
においても抽象度の高いものとの共起が見られたため、具体的なものの所有の
描写に「もつ」が使われにくいという傾向にとどまった。「持つ」の左側二語
（<u>X</u> をもつ）の出現名詞の上位語を表 6-3 に示す。どちらか一方に多く出現し
た語として「持つ」には「もの」と「自信」、「もつ」には「障害」があったが、
それだけにとどまり、出現傾向は類似していた。そのため、「もつ／持つ」と

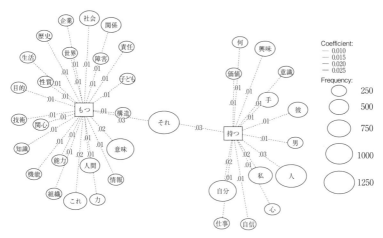

図6-2　BCCWJ 書籍サブコーパス「もつ／持つ」の共起名詞の異なり（最大出現数 200 以上）

表6-3　BCCWJ 書籍サブコーパス「もつ／持つ」の左2語（名詞・接辞）の出現頻度上位10語

「持つ」	頻度	「もつ」	頻度
意味	443	性	424
興味	310	意味	322
性	405	関心	148
力（接尾辞）	234	障害	171
関心	184	力（接尾辞）	168
もの	587	興味	131
自信	164	力（名詞）	135
関係	180	性質	106
機能	174	関係	125
手	225	機能	130

理工学系コロケーションとの結びつきもあまり明確に確認されなかった。更に書籍サブコーパスの中の自然科学分野に限定して分析も行ったが、「もつ」と「持つ」の共起名詞の傾向に差は見られなかった。

　「とる／取る（417,000 語）」については工学と「とる」の関係性も見られなかった。主語の分散も見られなかった。共起ネットワーク図を図6-3に示す。

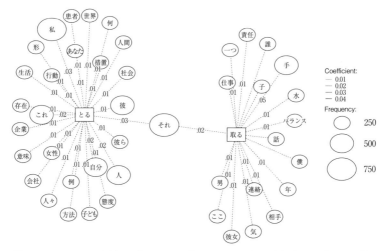

図 6-3 BCCWJ 書籍サブコーパス「とる／取る」の共起名詞の異なり（最大出現数 120 以上）

3.3 RQ3 日本語の特殊な工学コロケーションは本当に英語の影響によるものなのか

「～にはたらく」のような二格をとるコロケーションは現代日本語の「働く」の用法としては異質であり、英語からの影響ではないかという指摘が山田・松田（2020）でなされている。また「会議をもつ」のような「（抽象概念）をもつ」も英語化した日本語であると述べられている。しかし、そのことがコーパスベースで検証されたわけではない。そこで本節では英語の影響を受けた特殊なコロケーションかどうかについてコーパスベースで調査した結果について述べる。

3.3.1 「はたらく／働く」

工学・医学系分野において「はたらく／働く」は "work（勤務・労働）" の意味ではなく "act on"（作用）、"apply（適用）" の意味で用いられる場合がある。その場合は無生物主語をとり、作用の対象を示す助詞に「二格」をとる傾向がある。

③　高校の物理の範囲は、<u>物体に働く力</u>や物体の運動を取り扱う「力学」

（The scope of physics in high school is "mechanics", which deals with the forces <u>acting on objects</u> and the motion of objects. (筆者訳)）

（『物理が苦手になる前に』、2001）

また、医学・生物学などでは無生物主語をとり、「〜が機能する／活性化する」という意味で用いられる。これは英語でも "work" にあたる。

④　脳にある<u>神経細胞</u>はどう<u>働いている</u>のか。　　　　　　（『バカの壁』、2003）

（How do the nerve cells in the brain work? (筆者訳)）

⑤　他方の情報を参考に、<u>修復酵素が働いて</u>直してくれるのである。

（『遺伝子工学が日本的経営を変える！』、2003）

（Using the information from the other, the repair enzymes <u>work</u> to fix it. (筆者訳)）

このように、理工学・医学分野で用いられる「作用・機能」的な用法としての「はたらく／働く」については単純に英単語1語と対応関係があるわけではない。そのため単純に輸入された英語の直訳を採用したというわけではない。

そこで、「はたらく／働く」については、古語辞典ならびに日本語歴史コーパス CHJ で通時的な意味用法の変化を調べることにした。古語の「はたらく／働く」には大きく分けて、「①動く、②仕事をする、③役立つ」の3つの意味がある（『学研全訳古語辞典』）。もっとも古い意味は①で、枕草子に確認できる。表記はひらがなも漢字も混在しており、意味による使い分けは見られない。

⑥　二つを並べて尾の方にほそきすばえをしてさし寄せむに、尾<u>はたらかざ</u><u>らむ</u>を、女と知れと言ひける（枕草子、966）

（二匹を並べて、尾の方に細い小枝をさし寄せた時、尾を動かしたほうが女（雌）だということを知っておきなさい[1]。）

「労働」の意味で用いられる例も中世から確認できる。

⑦ 常に歩き、常に働くは、養性なるべし（『方丈記』、1212）

⑧ 芝翫といふやつはゑらいやつじや給金とらずにはたらきよる

（『洒落本大成』、1820）

「はたらく／働く」が無生物主語＋ニ格を伴い「作用」の意味で用いられるのは19世紀末頃である。以下に例を示す。内容的に見ても、明治に欧米の自然科学の知識を輸入した際に "act on"＝「作用」の意味としてあてられた外来語起源のコロケーションであると思われる。

⑨ 唾液中の微生物が砂糖にはたらいて醱酵を起すからである

（『食物消化の話』、1909）

⑩ 佛國ベルテロー氏は無音放電の作用にありて他物と相働き化學變化を生ずることさへ知り得たり。　　　　　　　　　（『太陽』、1895）

⑪ 其一は蛋白質に、他は澱粉に働くなり、即ち爲めに蛋白質は「ペプトン」に變じ、澱粉は溶解性炭水化物　　　　　（『太陽』、1895）

⑫ 其の無數の星辰は何れも多少とも我が地球に對し相引く力が働く理で、此等の引力は、例へば月の引力が地上の海水を其方向　（『太陽』、1909）

⑬ 廻轉して居たとする、其處へ「ニュートン」引力などが働いて凝集を起し、遂に團塊が出來る様になり、又廻轉などの結果とし　（『太陽』、1909）

ただし、明治に見られる「はたらく／働く」は「労働」や「活動」の意味で用いられる場合もニ格を伴って出現している例が複数見られた。現代語のような「場所＝デ格」「着点＝ニ格」という区別は明確に見られなかった。そのため作用の意味で用いられる「〜に働く」というコロケーションのニ格は、"act on" という英語の "on" の影響によるものというより、古語的なニ格の用いられ方が残ったと考えるべきだろう。

⑭　以て哲學を組織し、以て道徳を論じ、或は活動世界に働かんとす、愚な
　　りと謂ふ可し　　　　　　　　　　　　　　　　　　　（『太陽』、1895）

⑮　無理な注文かは知らねども韓國に働く日本の役人はいづれも此大氣魄、
　　大同情を有する英雄の分身にならね　　　　　　　　　　（『太陽』、1909）

　また、現代語の使用を通時的に調べた結果、いわゆる「労働」としての「働
く／はたらく」ではない理工学・医学分野の「作用」の用法は、ひらがな表記
「はたらく」の場合、かなり高い比率で「作用」「機能」の意味になる傾向がみ
られた。

　BCCWJ に含まれるコーパスにおける「労働」以外の意味で用いられている
工学・医学の用法の出現状況を 10 年おきに分析した。その結果、「働く」の場
合は年代に関わらず常に 2%〜 4%の比率で「作用」「機能」の意味用法が出現
するのに対し、「はたらく」の場合は 70 年代：0%、80 年代：4%、90 年代：
18%、2000 年代：52%と増加した。結果を表 6-4、表 6-5 に示す。そのため
「はたらく」については、意味が拡張し、典型とは異なる意味でも用いられる
用法として、ひらがな表記をするという傾向が生まれているといえる。

　もちろん漢字で表記される場合もあるため、形式名詞、補助動詞など表記上
のルールとしてひらがなになる場合とは異なり、慣例的なものであると思われ
るが、こうした異言語接触に伴って生じた意味の拡張の言語手掛かりを示すた
めに、かな表記を行うというのは日本語の他の語でも十分ありえるのではない
だろうか。

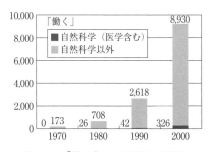

図 6-4　「働く」の通時的出現状況

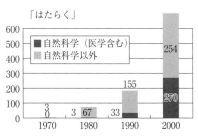

図 6-5　「はたらく」の通時的出現状況

3.3.2 「もつ/持つ」

「もつ」については、「はたらく」と異なる傾向を示した。抽象概念を表す名詞との共起は「はたらく/働く」と比べても、「もつ/持つ」は出現語数も多く、抽象的な概念や能力などを所有「もつ/持つ」で述べるという英語化が広く行われている。これは、理工学や専門分野に限らず日本語の中に深く浸透している現象と考えられる。

CHJ で「もつ」の用法を調べたところ、「もつ/持つ」は人がものを所有するという意味での使用が圧倒的に多いが、抽象的な概念や能力、性質を所有するという言い方は、奈良平安期からも確認ができた。また、明治以降は「無生物主語＋持つ」の用法も確認された。

⑯ 輔を多みとなも聞し食す。＃衆諸如此の状悟りて、清く直き<u>心をもち</u>、此の王を輔け導きて天の下の百姓を撫で育はしむべしと宣り（『続日本紀』、797）

⑰ 由次郎が縁あれば善孝に来てもらはんといふなるべし＃ちつと<u>気をたしかに　持な</u>よ＃丹次郎だの亭主だのと何だかおめへ気でもふれて居るやう（『春色辰巳園』、1833）

しかし、明治期以降、抽象概念を表すサ変名詞＋持つの用法が非常に増えてくる。下に例を示す。そのため、欧米の概念の輸入と共に「持つ」を用いた概念や性質所有のコロケーションが一般化したと思われる。

⑱ 國の人民たる性質が全くまだ失せて居らぬ、＃詰り小國の人民の<u>性質を持つて居る</u>、＃是は誠に我々の悲しむところであります、＃併ながら悪いところは（『太陽』、1895）

⑲ 吾輩は一の意義に於ては學生が<u>政治に興味をもつ</u>ことを切望する。＃わが國の外交方針はどうせねばならぬか、支那 （『太陽』、1917）

⑳ 悲しむべき現象であるが、もしも獨逸の國民がこの問題に就き深き<u>理解をもつ</u>たならば、戦後は必ず人口増殖の爲めに却つて苦しまねばならぬ

域に（『太陽』、1917）

㉑　石油はその需要もつとも廣くなり、工業用或は燃料として大なる<u>價値を</u>
<u>もつ</u>様になつた。（『太陽　メキシコ旅行記』、1925）

㉒　<u>凡てが生命維持に重要な價値を持つて居る</u>。最初に貯藏成分が消費せら
れ、次に固有の細胞成分（『太陽』、1925）

　図は時代を区切ったテキストデータごとに、動詞「もつ／持つ」と名詞（一
般名詞、サ変名詞）の共起状況を調べたものである。分析の結果を図6-6に
示す。見ると、1925年から1945年の昭和の戦前においてサ変名詞の語が多
く「もつ」と共起していることがわかる。内容も西洋の自然科学知識の輸入や
政治経済に関するものが多く、また江戸期や鎌倉室町などの共起語は「太刀」
「食物」「女房」「子供」など人の所有を表す語が中心である。これらのことか
ら、明治から戦前にかけて、抽象概念の和製漢語が多くつくられたことと同時
に、概念所有の「持つ」の表現が定着したと思われる。

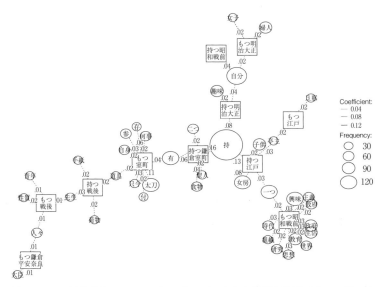

図6-6　日本語歴史コーパス（CHJ）における時代別の動詞「もつ／持つ」
　　　　と名詞の共起状況

㉓　久米殿妹がことは気遣ひさつしやんな＃こなたの居所知れるまでは、<u>おれが女房に持つてやろ</u>＃と聞くも苦しきなごりの山（『近松浄瑠璃　心中万年草』、1710）

4. おわりに

本稿は日本の工学学術テキストの中に見られるコロケーションの英語化についてコーパスベースで検証したものである。日本語の BCCWJ と英語の BNC、PERC コーパスを用いて分析を行い、以下のことが明らかになった。

1　英語の工学分野のコロケーションの直訳的な日本語のコロケーションの存在が確認できた。
2　いくつかの動詞は、工学等の分野に意味拡張した場合に、ひらがな表記になる傾向がある。
3　英語化といわれていた工学コロケーションの中には英語化の結果とは言えないものもある。

本研究成果の実装により、日本語学習者、日本人英語学習者双方が英語と日本語の知識を活性化させることでより専門コロケーションの理解が容易になる可能性がある。

今回は限られた言語資源及び言語資源 WEB サービスを用いて分析を行ったため、信頼性に欠ける点がある。大学生が学ぶような日本語の工学テキストコーパスを Target コーパスにすればより精度の高い有益な情報が得られるだろう。本研究が、言語境界の汽水域で学ぶ理工系留学生・日本人学生向けの教育資源開発の一助となることを願う。

謝　辞
本研究は JSPS 科研費 19H01281 の助成を受けています。

注

1)　訳は石田穣二『枕草子　上・下巻』（角川ソフィア文庫）

引用文献

Ofelia García and Li Wei. (2014). *Translanguaging: Language, Bilingualism, and Education*. New York, NY: Palgrave MacMillan.

カール・ベッカー（1998）「20 世紀日本語の英語化」『日本人と英語：英語化する日本の学際的研究』95-108. 国際日本文化研究センター

喜古正士（2013）「物理"専門語"の教材作成に向けて — 一般語の専門文脈における用法を考える —」『日本語教育センター紀要』9 号、16-27.

喜古正士（2014）「教科書と問題集で使われる日本語は同じか — 専門語教育の観点から —」第 8 回 日本語実用言語学国際会議

喜古正士（2015）「留学生のための専門語教育に関する研究 — 専門文脈での一般語の用法と、その用語集への反映方法について —」『2015 年度笹川科学研究奨励賞報告書』、1-2.

佐藤宏孝・花薗悟（2009）「数学における動詞「従う」の意味・用法 — 「気づかない」専門日本語語彙の研究に向けて」『東京外国語大学留学生日本語教育センター論集』35 号、17-29.

佐藤宏孝・花薗悟（2010）「数学における動詞「おく」の意味・用法 — 「気づかない」専門日本語語彙の研究にむけて (2)」『東京外国語大学留学生日本語教育センター論集』36 号、45-55.

嶋田珠巳、斎藤 兆史、大津由紀雄（編）（2019）『言語接触 英語化する日本語から考える「言語とはなにか」』東京大学出版会

中村敬（1998）「日本における「英語化現象」の研究：課題と方法」『日本人と英語：英語化する日本の学際的研究』1-13. 国際日本文化研究センター

山田朱美、松田真希子（2020）「物理テキストにおける「隠れた専門用語」としてのコロケーションの抽出」『統計数理研究所共同研究リポート 435：言語テクストの内的構造に対する数理的アプローチ』、39-53.

第3部

工学英語の指導実践

第 7 章

理工系大学院生・学部生向けの英語
リーディング授業の実践報告

竹井　智子　（京都工芸繊維大学）
otmksm@kit.ac.jp

A Practical Report on Reading Classes
for Science Major Students

TAKEI　Tomoko　（Kyoto Institute of Technology）

Abstract

This paper is a practical report on three English language reading classes for graduate and undergraduate science major students. Two of the classes focused on question-based reading comprehension, and the other on translation and discussion of 20C American short stories. The two question-based reading comprehension classes highlighted the need to organize English language classes collaboratively with automatic translation technology. The English-Japanese translation class revealed the unpopularity of literary texts—more precisely, long, fictional, elaborate writings—among science major students. All the reading classes showed that the balance between top-down and bottom-up reading processes may be key to facilitating writing in the English language.

1. はじめに

　何かを書くとき、書き手は必ず自分が書いたものを読んでいる。そして、当然ながら人は自らが読むことのできない文章を書くことはできない。したがって、英語リーディングにおける傾向は英語ライティングにおける傾向にも無関係ではないはずだ。本稿では、理工系大学院生および学部生向け英語リーディング授業の実践報告を行う。

　ここで紹介する英語リーディング授業は以下の3種類である。

① 　理工系大学院生向け選択科目
② 　理工系大学学部2回生以上向け選択科目
③ 　総合大学理工系学部1回生向け必修科目

大学院のみならず学部授業の例を加えた理由は、大学院での研究は卒業研究から地続きであるため学部授業の影響が大きく（特に②の事例に関して）、また、教科書の内容や授業形態に鑑みて、大学院生のリーディング授業報告の補足となる（特に③の事例に関して）と思われたからである。①と③では設問中心型の授業運営を行い、②においては英文和訳中心型の授業運営を行った。以下に、詳細を説明する。

2. 授業方針

　PISA によれば、読解力とは「自らの目標を達成し、自らの知識と可能性を発展させ、社会に参加するために、テキストを理解し、利用し、評価し、熟考し、これに取り組むこと」であると定義されている（国立教育政策研究所 2018, p.70）。そのうえで、PISA が調査で問うてきた読解プロセスのうち、「テキストの中の〈情報の取り出し〉」「書かれた情報から推論してテキストの意味を理解する〈テキストの解釈〉」「書かれた情報を自らの知識や経験に関連づけ

る〈熟考・評価〉」（国立教育政策研究所 2004, p.150）を授業でも重視した（「読みの流ちょう性」と「情報管理」［国立教育政策研究所 2019, p.70］については授業では焦点を当てていない）。学生には、単に英語の字面を和訳する、あるいは情報を取り出すだけではなく、内容に深く立ち入る、英語使用者としての主体的な読みを要求した。

　英語リーディングにかかわる先行研究は多々あるが、本稿で紹介する授業においては、主に伊東（2016）らによる枠組みと田中（2000；2011）らによる推論発問についての研究を参考にした。テキストと読者のダイアローグとしてのリーディング（Widdowson 1979；Carrell, Devine & Eskey 1998；伊東 2016 他）を促すために、また、対象学生のレベルや英語リーディング授業を履修する目的に適うよう、トップダウンとボトムアップのインタラクション（Carrell, Devine & Eskey 1998；伊東 2016；佐竹 2019 他）のバランスを模索した。

3. 設問中心型授業報告

3.1 授業形態と教材

　2020 年春、コロナ禍のために急遽オンライン授業が決定した。そのため、設問中心に運営した 2 つの授業（それぞれ第 1 クォーターと前学期に開講）はオンデマンド形式で行うこととなった。

　教材としては、学生のレベルや専攻・興味のほか、教科書があらかじめ指定されているなどの制約があるが、可能な範囲で上記の授業方針を踏まえて、以下のテキストを利用した。理工系大学院生向けには、情報工学や心理学など様々な学問分野に関する、しかし専門的とまではいえない、B1-B2 レベル相当の英語学習者用に編集された文章や短編小説をテキストに選んだ。これは、大学院生向けの英語リーディング科目が 1 クラスしか開講されておらず、幅広い専攻の学生の興味に合わせたテキストを使わざるを得ないという事情があったためである。加えて、授業期間が 1 クォーター（8 週間）と短く、まとまった理論書等の原著作を読むことは時間的にも不可能であったためである。理工系学部 1 回生を対象とした必修科目の英語リーディング授業ではあらかじめ

環境文学の古典ともいえるテキストの原著が教科書として指定されていたため
それを使用したが、分量・内容ともに極めて充実した英語リーディング教材で
あった。

　いずれのクラスにおいても、学生は毎週指定の英文（2〜3頁または1〜2
章分）を読み、設問に対する答えをワードファイルまたはpdfファイルで提
出し、教員は1週間以内に採点、各学生に対してコメントを付記して返却する
と同時に、興味深い解答例や間違いの多かった問題についての解説をクラスメ
ンバー全員に向けてLMS（Learning Management System）上で公開した。
以下にそれぞれのプロセスについて詳述する。

3.2　設問

　Nuttall の示した6つの発問タイプ（①文字通りの理解、②再構築、③推測、
④評価、⑤個人的な反応を求める問い、および、どのように［how］主題が表
現されているか）（Nuttall 1982, pp.132-34；日本語訳は田中 2010, pp.35-36
を参考にした）のうち、適宜テキストに合わせた問いを用いた。大学院生向け
の授業では、②〜⑤に関わる設問が多く、学部生向けの授業ではこれらに加え
て①（難解な英文の和訳や語彙などボトムアップ型の設問）や"how"に対す
る問いも設定した。問題設定に当たって配慮した点は以下の2つである。

　①　機械翻訳や既存の翻訳書をどう扱うか
　現在は機械翻訳技術が向上しており、理工系の大学院生はそういった技術
を日常的に利用している。2019年に大学院科目の履修生を対象に実施した英
語授業・学習に関するアンケートの結果によれば、英語を書く際に機械翻訳を
「頻繁に使用する」「いつも使用している」と回答した学生は64パーセントに
及んだ[1]。なお、機械翻訳については英文和訳中心型授業報告においても言及
する。
　類似した問題として、学部授業の指定教科書についてはすでに文庫版翻訳が
一般的に流通している点を考慮する必要があった。
　オンライン授業においては機械翻訳や翻訳書の使用を禁じることが事実上

不可能であるため、学生がそれらを使用するという前提で、「テキストの中の
〈情報の取り出し〉」プロセスより「書かれた情報から推論してテキストの意味
を理解する〈テキストの解釈〉」プロセスや「書かれた情報を自らの知識や経
験に関連づける〈熟考・評価〉」プロセスに重点を置くこととなった。そのた
め、批判的思考を促す問いを重視した。

②　推論偏重の読みを招かないためにはどうすればよいか
　①の状況を受け、トップダウン型設問に偏りやすくなるという懸案が生じ
た。しかし、L1 リーダーにとっても、高度に専門的な内容や抽象的な話題、
あるいは理論などはボトムアップ的読みが要求される。大学院生であれば、平
易な英語を大量に読み情報を収集することを目的とするだけではなく、難解な
文章を読み解く機会も多くなるため、推論偏重ではなくボトムアップにも留意
した読みを促す必要がある（小野 2000；卯城 2010；伊東 2016, pp.17-37；佐
竹 2019 等を参考にした）。対策として、英文の精読（close reading）を必要
とする語彙問題や、テキスト中の訳出しづらい表現の「含意」を文脈から読み
解くなどの設問が必要となった。

　これらを踏まえて、大学院向けの授業で用いた問いは、テキスト付随の①タ
イトルからの推測とスキャニングやスキミング、②内容把握・正誤問題、③文
脈における文・句の意味の推測、④語彙問題、⑤批判的思考問題（記述式）で
ある。テキストが 600 ～ 1,000 語程度の読み切り型の文章であったため、内容把
握はテキスト網羅的なものであった。また、批判的思考については、大学院生
であるということもあり、パラグラフ・ライティングを意識した解答を求めた。
　一方、学部 1 回生向けの授業で設定した問いは以下のようなものである。①
段落やトピックごとの要約などの内容把握、②いくつかの表現（文学的表現
を含む）の文脈における意味の推測、③英文和訳（左から右へのスラッシュ・
リーディング）、④語彙（文脈における意味として単語を用いた短文英作）、⑤
批判的思考問題。設問に応じて英語または日本語による記述式の解答を求め
た。本授業で用いたテキストは、イントロダクションを除いて 17 章からなる

（ペーパーバック版で）200 頁以上に及ぶものであった。1960 年代に執筆された名文と名高いテキストであり、正確な内容把握のためにはボトムアップとトップダウンのインタラクションが必須である。時間や学生の能力の制約に鑑み、毎回、複雑な文章の解説や単語の意味（動植物の名前）の注釈を配布した。割愛せざるを得ない章もあったため、流通している翻訳書についてはむしろ積極的に利用を推奨することとなった。

3.3　フィードバックと解答例の共有

　各学生宛てのフィードバックとしては、批判的思考問題に対する英文解答の内容に対するコメントを最優先にした。これは、学生が英語をツールとして用いてアカデミックな活動をしていることへの、すなわち英語使用者としての自覚を促すためである。英文の書き方については、パラグラフ・ライティングについての指導は行ったものの、細かい文法指導は希望者のみにとどめ、意味が通じないレベルの間違いの指摘と代替案の提示に絞ってコメントした。

　個人向けフィードバックと同時に、多くの学生が間違えた問題に対する解説と、批判的思考についての興味深い解答例の紹介を、全体に向けて LMS 上で実施した。

　オンライン授業開始以前には、ペアワークやグループワークに加え、学部生向け授業ではクラス全体に対するプレゼンテーションも予定しており、それぞれの取り組みを通して学生同士のインタラクティブな学びが促され、より能動的な英語リーディング授業が展開されるはずであった（吉田 2000 を参考にした）。しかしオンラインによるオンデマンド授業になったことを受け、LMS 上で解答例を共有することで、オンデマンド型のインタラクションの促進を試みた。

3.4　学生の反応

　大学院生向けの授業では、最終課題提出時に授業全体に関する感想を求めた。学生は研究室中心の多忙な生活を送っているため、テキストの読解と設問への解答という分かりやすいルーティンのオンデマンド授業は自分のペースで

進められることから、評価する声が多く上がった。また、こちらからのフィードバックに対しても、「やりがいがあった」「フィードバックのおかげで次の課題に取り組むことができた」など好意的な反応が見られた。他の学生の解答に刺激を受ける学生も見られた。なお、内容については、各人の専門や好みによって分かれるが、毎年どのようなトピックについても一定以上の学生が興味を示している。いくつかのコメントを以下に紹介する。

① 「<u>国語のように</u>英語を勉強するのは楽しめなかったが、これまで英語をどのように深く読むか考えたことがなかったので、[リーディングの授業は]素晴らしい学習経験になった。」

② （小説について）「初めに読んだときには、何が起こっているのか理解できなかった。しかし<u>何度も読み返し</u>、必死になって詳細をつかもうと努力した結果、次第に内容が理解できるようになった。また、歴史的な背景を調査したので、最初とは全く異なる視点から読めるようになった。」

③ 「普段英語を読む機会がないので、この授業は<u>英語を使う</u>良い機会になった。」

（下線は筆者による）

いずれのコメントも、英語使用者としての自覚が表れたものと解釈することができる。スキミングやスキャニングのように一読して必要な情報をピックアップする訓練を学部時代の TOEIC 関連授業（必修科目として 3 単位分履修）で重ねた学生にとって、細部を読み込むことや繰り返し読むことは目新しい経験であったと言える。先にも触れたが、L1 であっても高度な内容の文章や小説は細部に注意し繰り返し読むものであるため、①にある「国語のよう」というコメントは、本授業の意図を正しく汲み取ったものと思われる。

　この他、英文の内容について、自分の人生と重ね合わせて何らかの教訓を見出したといった内容のコメントが目立った。英語をツールとして用い、英語で書かれた文章のメッセージを読み取り、自分の人生や生活に反映させ、自分なりの意見を持つというプロセスが実践できていたことが窺える。それはアカ

デミックな場における英語使用という観点に適うものであり、PISA の定める「テキストを理解し、利用し、評価し、熟考し、これに取り組む」能力に合致する。

なお、テキストの読解と設問にすべて解答するためには、1週間分の課題として3時間程度の学習が必要であったというコメントもあった。質問には随時メールで応じたが、英語表現の解釈から設問の意図まで様々な質問を受けたことも付記しておく。

学部生向け必修授業については、分量が多いなどの不満が多少届いたものの、授業形式やフィードバックについては好意的な反応が得られた。

4. 訳読中心型リーディング授業の実践例

4.1 授業形態と教材

理工系学部2回生以上向けの選択科目については、履修者が極めて少なかったため、対面と同期型オンライン授業（Zoom）のハイブリッド型による運営を行った。教材には、初級レベルの20世紀アメリカ文学短編作品を用いた。訳読授業は「訳毒」とも言われ、広くその弊害が知られるところではある（卯城 2009 他）。しかしながら、小説を読む際に、読者は"what"のみならず"how"にも注意を払うものであり、それはたとえ L2 リーダーであってもないがしろにされるべきものではない。特にモダニズム以降の作品はその手法の妙を味わうのも小説読書の大切な一部である。理工系学部生にとって、英語の小説を原文で読むことのおもしろさや、答えのない問いや不条理な人間の生を知ることの大切さを学ぶ機会が著しく制限されている現状に鑑み、あえて小説をテキストに選んだ。ただし、これが極めて挑戦的なことであったことは後述するとおりである。

4.2 訳読の実施方法

訳読の形式については左から右へ順に意味をとらえることに主眼を置いたが、訳読中心の授業の場合、設問重視型の授業以上に機械翻訳や翻訳書の利用

が懸念された。機械翻訳は一文単位で翻訳するため短い文のほうが翻訳品質が高く（坂西・山田　2020, p.39）、したがって意味のかたまりごとの翻訳の精度は高い。加えて、近接する意味グループ同士のつながりも訳出されるため、多少長い英文であっても、区切るなどすればある程度正確に訳することができる。学生が英語の授業の予習にこれを用いるようになれば、英語授業が成立しなくなってしまうという問題が考えられる。しかしそれ以上の問題は、一見それらしく思われる訳文ができた際に、それが正しいかどうかを判断することができないであろうということだ。次の引用はアーネスト・ヘミングウェイの短編小説 "Indian Camp"（1925）の冒頭の原文と Google 翻訳である。

> At the lake shore there was another rawboat drawn up. The two Indians stood waiting.（Hemingway, "Indian Camp", p.67）

> 湖岸には別のローボートが描かれていた。二人のインディアンは待っていた。

これほど簡単な文章であっても、"drawn" の意味の取違いで誤訳されてしまっている。さらに、既知の簡単な語の組み合わせであっても Google の辞書にない語はカタカナで記されてしまうという、柔軟さに欠けることもわかる（ただし、DeepL 翻訳ではいずれも正しく訳出される）。

　別の例も挙げておきたい。次の引用はケン・リュウの短編小説 "To the Moon"（2012）の冒頭とその Google 翻訳である。

> LONG AGO, when you were just a baby, we went to the Moon. Summer nights in Beijing were brutal: hot, muggy, the air thick as the puddles left on the road after a shower, covered in iridescent patches of gasoline. We felt like dumplings being steamed, slowly, inside the room we were renting.（Ken Liu, "To the Moon"）

　昔、あなたがちょうど赤ん坊だったとき、私たちは月に行きました。

　北京の夏の夜は残忍でした：暑い、蒸し暑い、水たまりがシャワーの後に道路に残ったように空気が厚く、ガソリンの虹色のパッチで覆われていました。私たちは、私たちが借りていた部屋の中で、ゆっくりと餃子が蒸し返されているような気がしました。

　"just" の誤訳などは日本人学生もしそうなことである。これ以外にも、"covered" 以下が "the puddles" ではなく "the air" にかかってしまっていること、"We felt like dumplings" が、「私たち（自身）が餃子のように感じられた」という直喩表現を訳出できていないことなど、意味グループ間のつながりが正しく解釈されていない。それでもなお、小さな意味グループごとの意味把握はおおむね正しいともいえる（なお、この引用も DeepL 翻訳であればはるかに精度が上がる）。

　この他には、訳読の弊害として指摘される点に留意した。土方（2014）は、英文和訳の弊害として「日本語と英語の単語を一対一の関係だと学習者に思わせてしまう」「英語の語順に沿って読むことが出来ない」「一文ずつ日本語を介さないと、英語が読めない」などの指摘に言及しつつ、その克服方法の一つとしてサイト・トランスレーションを提案している（pp.62-63）。水野（2003）によれば、サイト・トランスレーションは「原稿を見ながら即座に口頭で翻訳すること」であり、「スラッシュで区切った部分の理解をそのまま音声化する」スラッシュ・リーディングとは異なるものであるとされる。さらに、「訳文の質は問わない」スラッシュ・リーディングとは異なりサイト・トランスレーションでは「区切った範囲にこだわらず、文章の展開に応じて柔軟に訳文を作り、訳文にはある程度の完成度が要求される」（水野　2003，p.399）。

　授業においては、文脈を理解しながらスラッシュ・リーディングを行いつつ、内容に応じた補足や解釈を加えた。これは、扱うテキストが文学作品であるため、区切った部分の意味をとるだけでは全く内容を理解することができないためである。先述のように機械翻訳では細かい意味グループはある程度の正確さで訳することができてしまうということも考慮した。サイト・トランス

レーションの定義にある訳文の「完成度」は求めず、英語の文体にも留意しつつ、日本語訳は意味内容の把握のみにとどめた。したがって、あえて日本語に訳出するまでもなく理解できる部分については英語のまま理解してすすめた（土方　2014；フレーズ・リーディング［佐竹　2019, pp.235-36］等を参考にした）。さらに、情景描写や登場人物の動作などは、身振り・手振りで再現することによって、立体的な理解を促した。

　授業では、テキストの英文和訳だけでなく、テキストの内容や文体についての日本語によるディスカッションも行った。L1 で実施したのは、理解を深め、文学テキストを多角的に味わうためである。また、課題レポートは、英文和訳ではなく、内容について考察し、英語で記述することを求めた。

4.3　フィードバック

学生へのフィードバックは、以下の点に留意して行った。

① 　単語や表現のニュアンスを説明

　語の本質的な意味において文脈に沿う表現を用いているのであれば、日本語上の表現には特に訂正は行わないが、文脈における語の持つニュアンスを説明した。必要に応じて、学生の理解を助けるためにより分かりやすい訳語を提案した。

② 　情景描写や動作については理解を確認

　正しく英語を理解している場合でも、具体的にどのような情景を描いているのか、登場人物のしぐさや動作については具体的に確認した。

③ 　作品鑑賞に力点を置く

　文学作品をいかに味わい楽しむかという点に力点を置いて議論を促し、内容のみではなく、"how" についても検討した。

④ 　レポートには中身重視のコメント

　レポートについては、英語表現の些細な文法ミスは指摘せず、テキストの誤解からくる間違いと、意味が通じないレベルの文法ミスのみを指摘した。特に内容についてのコメントを重視した。

4.4 学生の反応

履修生への口頭インタビューを行い、テキストの難易度・内容（特に、文学作品であることについて）、授業形態（特に、訳読について）、ディスカッション（特に、日本語を用いたことについて）を中心に感想を尋ねた。

4.4.1 テキストについて（難易度・内容）

① 文法が破綻している箇所や慣用表現は難しかったが、全体的には訳出できた。今まで読んできたものとは異なる英文に触れることができて良かった。

② 今までと違う文章だと思った。受験勉強ではストレートな文章しか読まなかった。場面がコロコロ変わるのは難しかったが、頑張ったら読めるのでちょうど良いレベルだと思う。

なお、内容が文学作品であった点については好意的な反応であった。他にどのようなテキストを読みたいかという問いに対しては、「内容を知っているような有名な物語の英語版」といった要望もあがった。

4.4.2 授業形態について（訳読）

① 過去の授業（TOEIC中心型など）では設問に答えることが目的であり、求められた情報を抽出するために必要な、部分的な読みしかしなかったが、全文を読むことができてよかった。

② ［ある英文が］なぜそのような［日本語の］意味になるのか構造的に理解したいタイプなので、訳読の際の丁寧な解説は自分に合っていた。

他にどのような授業形式を希望するかを尋ねたところ、現在の形式（少人数による訳読）を全員が希望した。

4.4.3 日本語による内容についてのディスカッションについて

① 英語の勉強になるわけではないと思うが、文学を楽しむというレベルで楽しめた。

② ［英語・内容両方の意味で］他の人の解釈が分かってよかった。

併せて、ディスカッションに英語を用いる可能性について尋ねたところ、否定的な反応が得られた。抽象的で複雑な議論が可能な知的レベルと、言語レベルとの乖離があるためである。その他、ディスカッションを通して自分の解釈や思考を深めることができたため、英語でのレポートを書くプロセスがスムーズに進んだというコメントがあった。

5. 成果と問題点

5.1　大学院生向け設問中心型授業

　大学院生向けの授業については、分量・難易度ともに適切であった。しかし、解答の傾向として一つ気になることがあった。それは、各自の経験に引き寄せて論じさせるような設問（プレ・リーディング活動や批判的思考問題）に対して、授業開始当初、多くの学生が非常に短い解答で済ませる傾向にあったということである。例えば、"Have you ever 〜 ?"といった設問に対して、"Yes ／ No"のみで解答を終わらせる学生が多くみられた。この他の批判的思考を促す問いに対しても同様に、簡潔に解答する傾向がみられた。一方、若干名存在したアジア系留学生や海外での滞在経験のある学生の解答は、トピック部分・サポート部分・結論部分を含むパラグラフからなるものであり、他の学生との違いが浮き彫りになった。そのため、解答例として海外滞在経験のある学生の解答を LMS で共有したところ、すぐに（同級生の解答例に刺激を受けた）他の学生の解答にも変化が現れた。同様の設問に対するパラグラフ・ライティングのパターンを繰り返すうちに多くの学生がしっかりとした構成を持つ解答を寄せるようになったのは大きな成果であった。

　一方、個人の経験に投影して思考を深めることを促すような設問に対して、個人的なことを書くことに抵抗を示した学生がいた。従来からたびたび見受けられることではあるが、英作文において想像力や思考力を用いようとしない学生が多い。どのような設問に対してもごく手近な経験に基づく同じような語彙・内容の解答をするか、経験のないことについては多角的に考察・想像しようとせず、「経験していない」と述べるだけで終わるのである。そのため、学

生は、(問われた内容に主体的かつ真摯にコミットしようとしないという点において) 使用者としてはもちろん、学習者としてもせっかくの「英語を書く」という機会を無駄にしてしまっている。これは、学生が批判的読みに対して不慣れであることと、日本(語)の習慣によるものと思われる。以上のことから、英作文の設問については、使用者および学習者に対する複層的な出題意図を最初に十全に説明する必要があると痛感させられた。

　なお、類似の例が学部生向け必修授業においても見受けられた。英文和訳や語彙を問う問題、内容把握問題については英語の授業の範囲内の問いとして自然に受け入れられるものの、批判的思考や含意等を問う問題については、「英語の授業」らしからぬ内容であると受け取られるケースがあった。

　また、オンデマンド形式ということもあり、学生が機械翻訳や翻訳書を利用することをある程度前提としたために、批判的思考などトップダウン型の問題に力点を置くことになったが、ボトムアップ的な読みとのインタラクションを促す問いを検討する必要性を強く感じた。

5.2　学部生向け英文和訳中心型授業

　英文和訳中心型授業については、授業運営として訳読を採用したことにより、学生の英語力の把握が容易であった(小野 2000, pp.7-8 参照)ことが一番の発見であった。しかし、先述の学生からの反応にもあるように、英語によるディスカッションを実施する難しさもあった。

　和訳授業の実践には、情報のピックアップではなく「全部読む」ことで"how"にも意識を向ける必要がある文学テキストが適していると思われるものの、実際には文学テキストを用いることについてのハードルの高さを痛感した。大学院生対象科目では短編小説も扱っているが、最初はどのように解釈してよいか戸惑っていた学生も、繰り返し読み、解説を受けて理解を深めた結果、文学テキストを読むということに対する満足を覚える傾向がある(先述の引用参照)。豊田(2014)が記しているように、「総合教材」のような「易しい教材を優しく教える」ことや「語彙を制限されて書き直された教材を速読して満足する傾向」に対して、「学生の能力を過小評価しているように思えてな

らない」(p.13) と、大学院における授業での短編小説への手ごたえを通して常々感じている。ところが、学部生対象の選択授業においては、文学テキストを扱うと聞いて履修をやめる学生もおり、極めて小規模なクラス運営となってしまった。履修した学生はみな文学テキストを楽しんでくれたが、決して多くの学部生の興味の範囲ではなかったことが判明した。

6. おわりに

すでに広く議論されてきたことではあるが、本稿で紹介した授業を通して、英語リーディング授業におけるトップダウンとボトムアップのバランスをとることの難しさを再認識した。学生に英語学習者であると同時に英語使用者としての自覚を促すことと、アカデミックな場での学生の読み書きの能力を高めることに加えて、IT 技術が伸展する中で必要とされる英語力とは何かを見極める必要がある。しかも、すべての学生が機械翻訳を利用するわけではないものの、その使用を前提とした授業運営の中で、バランスの取れた効果のある教育が行われなくてはならない。本稿で紹介した授業では批判的思考を促す設問に力点を置くことで対応したが、批判的思考のみのチェックでは読解力を問うていることにはならない。学生が英語を読む際に機械翻訳を用いた場合でも、その精度が十分でない現段階においては、機械による翻訳の正誤を判断するための読解力が必要である。今後機械翻訳技術が改善されたとしても、限界を指摘する声は多い（山崎 2021 他）。オンラインや機械翻訳の普及するなかで、ボトムアップ的な訓練をいかに拡張するかが重要になると思われる。

本書の趣旨の一つでもある、工科系大学院における英語ライティングという観点からも、英語を読む過程におけるボトムアップ指導は重要であると言えるだろう。どのようなライティングにおいても、書き手は自分の意図が正しく読み手に通じるかどうかを常に意識する必要があるが、アカデミックな局面ではよりそのことに意識的にならざるを得ない。したがって、書き手は自分の論文を読むためのより正確なリーディング能力が必要となる。アンケート結果が示すように、すでに多くの学生が機械翻訳を用いているという英作文のプロ

セスにおいては、「書く」プロセスよりもむしろ書き手本人による確認や修正のプロセス、すなわち「読む」プロセスがさらに前景化されることになる。したがって、機械翻訳やその他の IT 技術が浸透していくことになるこれからの英語授業においては、精確に読む能力の醸成が重要になり、英語を「国語のよう」に読む授業も必要になるのではないだろうか。

謝 辞

本稿で紹介した授業運営に関しては、京都工芸繊維大学の英語教員から様々な示唆や協力を得た。特に羽藤由美教授には、本学の英語教育の根幹となる学部向け「英語鍛え上げプログラム」と大学院向け「英語鍛えなおしプログラム」を発案・主導していただき、言語習得に関する基本的な考え方から具体的な指導方法まで様々な助言を賜ったことに対し、ここに感謝の意を述べたい。

また、JAPS 科研費（19H01281）の助成を受けた研究・実践の成果として本稿を寄稿することができたことに対し、代表者である石川有香教授（名古屋工業大学）に感謝申し上げたい。

注

1) このアンケートは、JACET2019 でのシンポジウムに合わせて企画されたもので、名古屋工業大学・豊田工業大学・芝浦工業大学・京都工芸繊維大学にて前学期に実施された。京都工芸繊維大学では、学部3年・大学院博士前期課程3年（学部4回生で大学院博士前期課程への進学を想定している学生を M0 生として扱うため、大学院博士前期課程科目を履修することが可能）・博士後期課程3年という 3×3（スリー・バイ・スリー）モデルを実施している。よって、質問項目には、M0 生を含む大学院生83名が、2019年5月から7月にかけて回答した。なお、英語を読む際の機械翻訳の使用頻度については尋ねていない。

引用文献

Carrell, Patricia L., Devine, Joanne and Eskey, David E. (1998). *Interactive approaches to second language reading*. Cambridge University Press.

Hemingway, Ernest (1925). "Indian Camp". In *The complete short stories of Ernest Hemingway*. Scribner Paperback Fiction, 1987, 67-70.

伊東治己（2016）『インタラクティブな英語リーディングの指導』研究社.

国立教育政策研究所編（2004）『生きるための知識と技能②——OECD 生徒の学習到達度調査（PISA）2003 年調査国際結果報告書』（ぎょうせい）.

国立教育政策研究所編（2019）『生きるための知識と技能⑦——OECD 生徒の学習到達度調査（PISA）2018 年調査国際結果報告書』（明石書店）.

Liu, Ken（2012）. "To the Moon". *Fireside Magazine*, 1,《https://firesidefiction.com/issue1/chapter/to-the-moon/》.

水野的（2003）「サイト・トランスレーション」小池生夫編集主幹『応用言語学事典』研究社、399.

Nuttall, Christine（1982）. *Teaching reading skills in a foreign language*. Heinemann.

小野尚美（2000）「第 I 部第 1 章 1.3　読解プロセス」 高梨庸雄、卯城祐司編『英語リーディング事典』研究社、5-13.

坂西優、山田優（2020）『自動翻訳大全』三才ブックス.

佐竹直喜（2019）「第 14 章　リーディングの指導と評価」久保田章、林伸昭編著『授業力アップのための英語教育学の基礎知識』開拓社、234-48.

田中武夫（2010）「第 I 部第 2 章 2-4　内容理解のための効果的な発問の作成および活用方法」門田修平、野呂忠司、氏木道人編著『英語リーディング指導ハンドブック』大修館書店、32-41.

田中武夫（2011）「第 1 章　推論発問のすすめ」田中武夫、島田勝正、紺渡弘幸編著『推論発問を取り入れた英語リーディング指導——深い読みを促す英語授業』三省堂、10-22.

豊田昌倫（2010）「第 I 部第 1 章　リーディングの問題点と新たな視点」大学英語教育学会監修、木村博是、木村友保、氏木直人編『リーディングとライティングの理論と実践——英語を主体的に「読む」・「書く」』大修館書店、3-14.

土方裕子（2010）「第 I 部第 2 章 2-7　サイト・トランスレーション」門田修平、野呂忠司、氏木道人編著『英語リーディング指導ハンドブック』大修館書店、62-74.

卯城祐司（2009）「序章　リーディングとは」卯城祐司編著『英語リーディングの科学——「読めたつもり」の謎を解く』研究社、1-16.

卯城祐司（2010）「第 4 章　英文読解における読み手の理解修正プロセス」大学英語教育学会監修、木村博是、木村友保、氏木直人編『リーディングとライティングの理論と実践——英語を主体的に「読む」・「書く」』大修館書店、44-58.

Woodson, H. G.（1984）. *Explorations in applied linguistics*. Oxford University Press.

山崎聡（2021）「コトバと場所」『朝日新聞』2021 年 1 月 5 日付朝刊、22.

吉田達弘（2000）「第 I 部第 2 章　コミュニケーションとしてのリーディング」高梨庸雄、卯城祐司編『英語リーディング事典』研究社、14-28.

第 8 章

メタ認知的アプローチによる自律型
リスニングタスクを実践する
— 教師のリフレクションを通して —

福永　淳　（九州工業大学）
fukunaga@lai.kyutech.ac.jp

Implementing a Self-directed Listening
Task with a Metacognitive Approach
— Through a teacher's reflection —

FUKUNAGA　Sunao　（Kyushu Institute of Technology）

Abstract

This paper reports the author's reflection on a listening task with a metacognitive approach and its implementation. Due to the global pandemic of COVID-19, teachers and learners are forced to teach and learn through remote online classes. With few collaborative/cooperative learning opportunities available for learners, individual learning has become the mainstream learning mode. In response to this paradigm shift in the teaching and learning environment, the author, a practitioner of English language education, implemented a self-directed listening task that helps learners develop metacognition and engage in autonomous learning. This reflective practice aims to improve the autonomous learning task and its implementation while guiding English language learners who seek to become engineers.

1. は じ め に

　本書に寄稿する本論稿を執筆している 2020 年度末現在、教育現場の正常性がいつ、どのように大学に戻ってくるのか、果たして戻ってくるのかどうかさえ、依然不透明である。ウィルスのパンデミックは、教え、学ぶ環境を根本的に変えてしまった。授業はインターネット経由で配信される講義動画や電子媒体による課題提出および添削と評価というバーチャルでハイブリッドな教育が標準となっている。従来の言語教室では、言語教師と学習者が教室という物理的空間を共有し、実際に話す、聞く、書く、読むといった活動を行い、目標言語を練習してきた。言語スキルを体験的にトレーニングするためには、言語を学習する者どうしの協働／協同学習（collaborative/cooperative learning）（Davidson & Major, 2014; 小嶋、2010）は必須だ。言語は、学習者が仲間との社会化を通じて目標言語能力を身につけることが期待されており、目標言語の練習には教師や仲間といった他者の存在が効果的な学習の鍵となることが報告されている（Ochs & Schieffelin, 2011）。しかし、パンデミックの渦中にあって、手を伸ばせば届く距離にいた共に学ぶ他者の存在は、2 次元の遥か彼方に遠ざかってしまい、言語は今や一時的にせよ学習者が個別に学習する科目となってしまっている。

2.「教える」と「学ぶ」ことのパラダイム・シフト

　ウィルスの世界規模での感染拡大という外的要因によって推進せざるを得なくなった遠隔授業だが、結果的には対面授業による指導との比較が可能となり、それぞれの長所と短所が明らかになった。大学で行われている遠隔授業は、大きく同期型（双方向型）と非同期型（オンデマンド型）に分類される。一般的な同期型遠隔授業では、オンライン会議ツールを使い、バーチャルな教

室空間に教師と学習者がネットを介してアクセスすることで授業が行われる。非同期型遠隔授業では、教師が講義動画、パワーポイントスライド、講義資料をネット上で公開すると、学習者が都合の良い時間と場所でアクセスし個々に学習する。同期型と非同期型共に課題はウェブサイトに設けられる提出先に電子的に提出する。より複雑な授業実施形態としては、同期型と対面授業を定期的に入れ替えて行うハイブリッド型や、学生を複数のグループに分け、グループ毎に対面の授業日と非同期型の授業日を入れ替えるハイフレックス型もある。大学が実施した遠隔授業に関する調査の結果からは、学習者のオンライン授業に対する考え方が読み取れる。表8-1は、3大学の調査結果（関西大学、2020；東京大学、2020；早稲田大学、2020）を参照し、学習者が認識している対面授業と一般的な非同期型と同期型授業の自由度を観点別に比較したものである。

　学習者は遠隔授業に多様な自由度があることを認識している。通学が不要で時と場所を選ばず、自分のペースで学習することができる非同期型授業を好み、この授業形態の継続を望んでいる。1年生よりも上級学年に顕著に見られる傾向となっている。難解な学習内容であっても、講義動画を繰り返し視聴して理解を深められることも理由に挙げられている。一方、同期型授業

表8-1　遠隔授業と対面授業：観点別自由度の違い

	対面授業	同期型遠隔授業	非同期型遠隔授業
学習環境（時間・場所）	×	○	◎
学習環境（通信）	－	△	△
学習コミュニティ	◎	△	×
学習ペース	×	×	◎
教師のフィードバック	◎	○	△
学習者間のフィードバック	◎	○	△
学習者の発信・質問	◎	◎	△
学習形態	◎	○	×

注：◎が最も自由度が高く、○、△、×の順に低いことを示す。－は該当しないことを示す。

ではオンライン会議ツールのチャットを介して教師に質問することができるため、精神的な負担が軽くなり、授業中に質問することに抵抗が少なくなっていることが分かる。非同期型授業や授業外ではメールや学習管理システム：Learning Management System（LMS）のメッセージ機能での質問も可能だ。e-learning による遠隔授業という学習形態が、学習活動そのものに取り組む以前に存在していた壁の多くを取り除いたようだ。

　しかし、e-learning が排除したのは学習への取り組みを妨げていた障壁だけではない。多様な背景を持つ言語学習者を受容する「教室」という学習コミュニティ、Communicative Language Teaching（CLT）アプローチによる指導、学習者の言語的アウトプットに適宜与えられる教師や学習者間のフィードバック、一斉・グループ・ペアといった多様な学習形態などがそれに当たる。Zoom などのオンライン会議ツールを使った同期型授業ではバーチャルな学習コミュニティが形成され、フィードバックやグループ・ペア活動が可能だが、活動には教師側の入念な準備と調整が必要となる。一旦ペアやグループに分かれると、言語学習者たちはブレイクアウトルームと呼ばれる別の仮想空間に移動してしまう。そのため、言語学習者がどのように課題に取り組んでいるかをモニタリングすることは、対面授業のように効果的にはできないからだ。同時に、学習者も一斉活動が行われるメインルームとペアやグループ活動が行われるブレイクアウトルームといったオンライン上の空間の移動に慣れることが求められる。対面授業ではこのような空間の移動はない。物理的空間を共有する対面授業では、教師の動き、視線、声によるフィードバックや他のグループの活動の様子が、グループワーク中の言語学習者に同時にインプットされていた。しかし、オンライン上の空間では五感を通して受け取られる情報が共有されない。教師と学習者それぞれが物理的空間を共有せず切り離されているオンライン環境では、支援的で協働的な学習コミュニティーの構築は難しい。対面の授業では、学習活動の際に、仲間や教師にフィードバックや助けを即座に求めることができるが、個別学習が基本となる遠隔授業ではそうはいかない。まず、学習者が自分で方策を思案し対応するほかない。教師にメールで質問することもできるが回答は待たねばならない。

　対面と遠隔の授業を観点別に比較した表8-1の通り、非同期型遠隔授業は学習環境と学習ペースの点で学習者にとって格段に自由度が高い。学習者が他の学習者のペースに合わせたり、学習する時間や場所が決められていたりという制約がない。翻って、遠隔授業は学習者自身が自分の学習を管理して学習課題に取り組んでいかなければならない。このような個別の学習は孤独な学習と表裏一体であるとも言える。表8-1の観点別の比較には含めていないが、各大学のアンケート結果（関西大学、2020；東京大学、2020；早稲田大学、2020）によると、遠隔授業に対する否定的な意見で最も代表的なものは、「孤独を感じる」という回答であった。また、自由度が高い分、自己管理が難しくなり課題の提出期限が守れない学生も少なくない。これに反比例して、教師にとっては、対面授業よりも同期型および非同期型遠隔授業では制約の方が大きくなる。日本のような文脈、つまり、英語を外国語として学習する環境では、外国語授業の第一の目的は、習得のために英語を実際に使う練習をすることである（Lightbown & Spada, 2000）。言語演習では、学習の目標と目的に応じてグループ・ペア・クラス一斉・個別といった学習形態とその順番を組み合わせて学習者が言語を産出するコミュニケーション活動を行う。教師に求められている役割は、学習形態の組み合わせと順番を考え授業をデザインしていくことであり、学びのプロセスにおいて学習者が一人ではできなかったことを支援者の助けを借りてできるように導く足場かけ（scaffolding）（Vygotsky, 1978）を行うことであると考える。遠隔授業では、この学習者どうしが協力して学ぶ活動が全て抜け落ちてしまう。教師のつぶさな観察に基づいて行われる、適切で緻密な足場かけを行うことはできない。言い換えると、言語教師は、学習者どうしが助け合いながらお互いの関わり合いの中で学びを深めていくという有機的な言語演習を展開できない環境で、授業をしなければならないという課題に直面している。ウィルスの感染拡大が収束しても、今後、遠隔授業が廃れることはないだろう。これまで理解されていた教えるという行為は、「新しい理解に基づく教えるという行為」へのパラダイムシフトが求められる段階に入った。対面授業で広く行われていたCLTといった教授法を実践できなくなった今、言語教師はどのように教えていけば良いのだろうか。また、学習者にとっ

て意味のある学びにつながる言語活動あるいはタスクとは何だろうか。

3.　タスクデザインとリフレクション

　ここでは「教える」ことのパラダイム・シフトに直面し、遠隔授業に対応するために、筆者がメタ認知的アプローチによるリスニングタスクを授業に取り入れるに至ったプロセス、タスクデザインの考え方、また、タスクの実践を振り返ることにする。

3.1　メタ認知的アプローチによるリスニングタスク

　2020 年 4 月の緊急事態宣言下で全学的な遠隔授業の実施が決定されると、対面授業で行なっていた課題やタスクを、カリキュラムに沿った形で遠隔授業に適した課題やタスクにデザインし直すことに取りかかった。筆者は、教材や課題の提示およびプロジェクト課題の回収やフィードバックに LMS や Information and Communication Technology（ICT）を使ったことがあるのみで、その目的はあくまでも対面授業での学習者どうしのインターアクションによるコミュニケーション活動を補完することであった。学習内容の全てを遠隔で行った経験はなかったが、言語的アウトプットによって評価することができる書く、話すといったスキルは、ライティングタスクやスピーチ・プレゼンテーションタスクを通して活動を行い評価することができる。対面授業向けの書く、話すためのタスクや課題を、オンライン授業の制約を踏まえてデザインし直すことは想定範囲内であった。また、読むスキルについては、従来型の課題やタスクを取り入れることにした。具体的には、教科書の内容把握問題、正誤問題、要約のライティング課題を課し、必要であればオンラインでフィードバックしたりコメントしたりすることで、学生の理解を個別に確認したりすることができると考えた。

　しかし、聞くスキルに関しては、遠隔授業に適したタスクをデザインすることが難しかった。対面授業のリスニング活動は学習者全員が同じ教材を同時に聞く一斉学習の形態で行われてきたことが理由である。教師が教室で音声を

再生し、学習者は音声を聞き内容に関する質問に答えた後、答え合わせをする活動が一般的だ（Goh, 2010）。だが遠隔授業で行うには向かない。指定した音声教材の内容把握問題、ディクテーション、シャドーウィングを個別タスクとすることを考えた。シャドーウィングは学習者が個別に行うこと、また、ディクテーションは正しく聞き取れているかを、学習者の書き取り原稿から確認することが必要である。遠隔授業では学習者がどのように活動を行ったか、あるいは実際に行ったのかのかを、つぶさに確かめる術がない。また、教材を聞いて内容把握問題に答えるタスクは、聞くスキルを向上するためのトレーニング方法を教えているものではなく、学習者がすでに持つリスニング能力をテストする継続性のないタスクである。そのため評価の一部として取り入れることに抵抗があった。Goh（2010）自身もリスニングテストと変わらない指導を行ってきたとして、次のように述懐している。「私は自分の生徒に効果的なリスニングの仕方を教えてはいなかった。どのようにリスニングスキルを向上させることができるかを示さずに、単に彼らの理解をテストしているだけであった」（p.182）。同様に、Schmidt（2016）もテスト型のリスニング指導を批判する。「英語教育のリスニング指導の支配的なパラダイムが、リスニングの方法を学ぶというよりも、リスニングのテストを基盤にしているのであれば、我々教師は生徒たちの学びを大きく阻害している」（p.7）。そこで、効果的に聞くというスキルを向上させるためには、テストを実施するかのように指導する従来型の教授法から離れ（Schmidt, 2016）、リスニングをプロセスとして捉え、「どうすれば効果的に聞くことができるかを学習者にはっきりと指導する必要がある」（Goh, 2010, p.182）と指摘している。Goh は聞くプロセスを重視する指導を「リスニングのメタ認知的指導」と呼び、メタ認知とは「学習プロセスおよび学習プロセスの評価とコントロールに対する個人の意識」であるとしている（2010, p.182）。リスニングのメタ認知的指導とは、「学習者のリスニングプロセスに対する意識を高めると同時に、学習者自身のリスニング力や全体的なリスニング力が、どのように向上しているかを評価し、コントロールするための効果的なスキルを発達させることができる教授法」である（2010, p.182）。

　このように見てくると、メタ認知的アプローチによるタスクや課題の提示は、学習者が学習のプロセスを意識し自己管理によって学習を進めていかなければいけない遠隔授業に適したものであると言えるだろう。遠隔授業によって教室という学習コミュニティの支援が十分に受けられない学習者は、内容を学ぶだけでなく、学習者としての自分や学習のプロセスを客観視し、評価し、改善していくという高度で複雑な学習能力を持たなければならない。尾関（2010）は、このような能力を持った学習者をメタ認知と生きる力を持った「自律した学習者」と捉え育成の重要性を説いている。

　　メタ認知を持った学習者は、最終的にアカデミックな分野で成功する可能性が高く、優れた学習者とそうでない学習者を区別する大きな要因となっていることが分かった。このことは英語学習のみに当てはまるのではなく、英語学習を通じてメタ認知を養えば、他の分野の学習でも成功する可能性が高いことが分かっている。（尾関、2010, p.95）

　あらゆる分野で効果的な学習を育むメタ認知の重要性を強調するこれらの先行研究の知見から、外国語習得を目的とする遠隔授業に適し、学習者にとって意味のあるタスクになると考え、筆者の授業でもメタ認知的アプローチによるリスニング指導行うことにした。

3.2　タスクデザイン：リスニングジャーナル

　リスニングジャーナルを評価の対象とし、タスクを通して学習者が体験するメタ認知活動に関する基本的な考え方は、次に説明する Goh（2010）のアプローチに倣った。Goh はメタ認知的アプローチによるリスニング活動を統合体験型リスニング（*integrated experiential listening*）とリスニングの振り返り活動（*guided reflections on listening*）の２つに分けている。前者は、学習者がリスニングタスクに取り組むとき、リスニングの認知的で社会的、感情的なプロセスを体験できる活動を指す。後者は、リスニングパフォーマンスやスキルの向上を振り返るとき、学習者が学習の特定の側面に目を向けるように

導く活動である。これら2種類の中から一つずつを組み合わせてデザインする
ことにした。まず、統合体験型リスニングの中から、遠隔授業でも学習者が個
別に行うことができる自律型リスニング（*self-directed listening*）を選んだ。
Goh は、このタスクを通して計画、観察、評価というメタ認知的な3つの自
己コントロール要素を学習者に指導することができるとしている。これに、
リスニングの振り返り活動の一つであるリスニング・ダイアリー（*listening
diaries*）を合わせた。類似したタスクをリスニングジャーナルと呼び実践し
ている Schmidt（2016）のワークシートテンプレート（p.9）を模し、エンジ
ニアになることを目指す工学系学習者向けに改訂した。さらに、4ページにわ
たるガイドラインを作成し、タスクの内容を詳細に説明した。ガイドラインの
中で、リスニングジャーナルとは何か、どのようなリスニング教材を選べば良
いか、どのように活動すれば良いか、ワークシートはどのようなものか、につ
いて具体的な説明を加えた。また、ガイドラインを表示させて音声で説明を施
した動画を作成した。LMS 上に置き、視聴してからタスクに取り掛かるよう
に指導した。図 8-1 は、LMS 上のリスニングジャーナルのセクションが学習
者からどのように見えるかを示したものである。

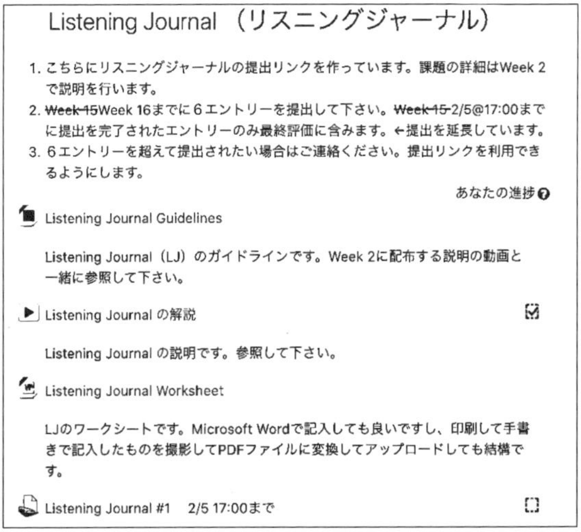

図 8-1　LMS 上のリスニングジャーナルの実際の表示

リスニング・ガイドラインおよびジャーナルのタスクを解説した動画、ワークシート、提出先リンクが表示されている。リスニングジャーナルに関する情報はこのセクションだけに集めて、学習者が情報を探す手間を省き、タスクに取り組みやすいように整理した。

3.3　メタ認知的活動を促すインストラクション

ここでは、図 8-2 から図 8-4 の完成したリスニングジャーナルとガイドラインをレビューし、メタ認知的活動を促す指示や説明を確認し、実践を振り返り、改善点を考察する。

3.3.1　提出期限の設定

「リスニングジャーナルとは何ですか？」のセクションでは、6 つのジャーナルエントリーを第 15 週目までに提出することとし、各エントリーの提出期限は設けず、期限内であればいつでも提出できる設定とした。学年暦が学期途中で変更になったため、後に締め切りを第 16 週目までに延期している。学習者が自律的にタスクに取り組めるように、目安となる各エントリーの提出期限もシラバスに記載した。学習者に自身の学習ペースをコントロールすることを促す意図がある。英語の他の課題との兼ね合いだけでなく、他の授業の課題の分量や締め切りを調整しながら学習する必要がある。授業の評価に含めるタスクのデザインでは、提出期限の設定の仕方も、学習者が学習ペースを自己管理するメタ認知的な力を育むためのタスク要素の一つであると考える。

3.3.2　実践のリフレクション：提出期限の設定

ジャーナルの提出状況から、この提出期限に関わる自己管理は学習者にとっては負荷が重いメタ認知的タスクであることが分かった。各クラスの 1 割に当たる 2 人から 3 人の学習者だけが、一定のペースでタスクを行いジャーナルを提出していた。学習ペースがコントロールができている学習者は、共通してタスクの先に大きな目標を設定していた。数カ月後にある TOEIC 試験で目標とする得点を取ることや、将来のキャリア、留学を目指し、これらの目標を実現

Listening Journal Guidelines   Page　1

Listening Journal とは何ですか？
1. Listening Journal は「リスニング日記」という意味です。
2. Week ○○（○○週目の授業）までに○エントリー提出します。○つ以上の提出も可能です。その場合、最終評価の100点を超えない範囲でExtra pointsとして加算します。
3. 皆さんがご自身で選んだ英語のリスニング教材を聞いて、問題を解いたり、ディクテーションをしたり、シャドゥイングをしたりして、その内容を「リスニングジャーナル」言い換えれば「活動レポートと振り返り(Reflection)」が一緒になった課題として提出します。
4. リスニング教材は下記にリストしてあります。リストから選んで頂いても良いですし、ご自分が持っている TOEIC 教材やその他の英語の教材でも構いません。教材名は活動レポートのワークシートに正確に書いて下さい。

どのような教材を選べば良いですか？
ご自分の好きな英語教材であれば何でも構いません。TOEIC の学習教材を持っている方はそれを進めても良いですし、教科書の音声で shadowing を頑張るというトレーニングでも OK です。ディクテーションを自分で行いたい方は、自分で選んだ音声教材を聴きながら手書きで書き取ったり、タイピングをしたりすることもできます。自分では決められないという方は、Moodle の「TOEIC について」というページでも紹介している下記のオンラインコンテンツを利用して活動して頂いても大丈夫です。
　(1) Randall's ESL Cafe: https://www.esl-lab.com/ Randall さんという方が、ボランティアでお一人で作成しているリスニングコンテンツが中心の英語学習サイトです。レベル分けされており、Beginner, Intermediate, Advanced があり、全てのオーディオの Script（スクリプト＝原稿）がついていたり、小テストがあって答えも即座に見ることができます。リスニングコンテンツが充実していてとても使いやすいです。毎日１エントリーずつ勉強しても相当の日数がかかると思います。
　(2) Lyrics Training: https://lyricstraining.com/ スマホ用と PC 用のサイトがあります。メールアドレスで登録するとトレーニングを記録していくことができますが、登録しなくても使えます。基本的な考え方は、トレンドに上がっている世界中の様々なジャンルの歌を聞き、その歌詞を聞き取る練習を通して、言語の習得を助けるトレーニングです。英語の他にもいくつかの言語のバージョンがあります。レベルは４段階（Beginner, Intermediate, Advanced, and Expert）に分かれています。約３０のジャンル、例えば Pop, Rock, Jazz, Children's songs などから選べます。問題集や単語帳とは違って、音楽でリスニングのトレーニングをしたい方にお勧めです。
　ウェブ上には、この２つ以外にも様々なリスニングコンテンツがあります。使ってみたいけれど、レベルや使い方がわからない方は相談してください。

どのように活動すれば良いですか？
英語教材を決めたら、リスニングトレーニングの目標を決めます。その目標、教材のタイトルや URL をリスニングジャーナルのワークシート＊に記入して、活動を始めましょう。メモ用紙を用意しておくと、リスニング活動を行っている途中で、キーワードや新しく出会った単語などを書き留めておいて後から見返すことができます。ワークシートに記入する時にも便利です。＊ワークシートは Moodle からダウンロードして下さい。日本語あるいは英語のどちらで記入しても構いません。

次のページに続きます。

図 8-2　リスニングジャーナルとガイドライン（1 ページ目）

Listening Journal Guidelines　　　　　　　　　　　　　　Page 2

ワークシートはどんなものですか？

ガイドラインの最後のページにワークシートのサンプルがあります。活動の時にメモしておいたキーワードや新しく出会った語彙表現や文法項目、活動を通して気づいたことを記入します。ワークシートに記入する内容には次のものがあります。例として参考にして下さい。

- 日付とエントリー番号

- 教材タイトル：動画(または音声)のタイトルと URL を記入します。オフライン教材であれば出版社や著者も記入しましょう。

- 教材内容：音声教材の内容とご自身が行った活動を具体的に要約します。

- 活動目標：リスニング活動で達成したい個人的な目標を書きます。
  - リスニングで何を達成したいか、何に集中したいかなどを考えて目標を設定しましょう。目標は複数でも構いません。
    目標例　■教材の全体的な内容を理解する。
    　　　　■教材のメインアイディアを理解する。
    　　　　■教材の詳細まで理解する。
    　　　　■教材の要旨やキーワードを重視してリスニングする。
    　　　　■難しい単語・表現を聞いて理解できるまでトレーニングする。
    　　　　■聞いている教材を完全に理解する。
    　　　　■発音やイントネーションを向上させるトレーニングをする。

- 言語：どんな語彙表現・文法・キーワードに気づきましたか。出来るだけ多くワークシートに書き留めます。これらの意味を調べ、また、その言葉を使って例文を作って記入してみましょう。

- 学習ストラテジー：活動目標を達成するためにどんな学習ストラテジーを使いましたか？ストラテジーの例には次のものがあります。もちろん複数記入して構いません。
    　　　　　　■教材のトピックについて調べたり、語彙を前もって見ておいた。
    　　　　　　■教材の中で使われている理論構成を述べる言葉に注意して聞いた。
    　　　　　　■内容がわかるまで繰り返し聞くようにした。
    　　　　　　■聞いている間に、内容の要旨やキーワードなどを素早くメモした。

- リスニング活動：教材を聞いている最中に具体的に何をしましたか？出来るだけ具体的に書いてみましょう。
    　　　　■メモを取った
    　　　　■字幕を使わなかった
    　　　　■字幕を活用して、意味の分からない言葉などを聞きながら確認した。
    　　　　■英語の歌の歌詞を聞いてギャップフィル（穴埋め）を完了した
    この他にも様々なリスニング活動があります。自分で考えた活動を行なった場合は、その内容を記入しましょう。

次のページに続きます。

図 8-3　リスニングジャーナルとガイドライン（2 ページ目）

Listening Journal Guidelines　　　　　　　　　　　　　　　　　Page 3

- リフレクション（振り返り）
  このリスニング活動を通して何に気づいたか書きます。次の質問を参考にして、活動を振り
  返ってみましょう。
      1. リスニングは得意ですか？苦手ですか？
      2. どのような点がよくできましたか。あるいは、うまくできませんでしたか？
      3. これからどのようなトレーニングをしていけば良いでしょうか。
      4. 今後は、どのくらいまでリスニングの力を向上させたいですか。
      5. TOEIC で取りたいスコアの目標はありますか？
      6. 1～5以外に、自分自身のリスニングスキルについて気づいたことは何ですか？

★ 評価→評価項目は以下の通りです。参照して下さい。
  完成度　　　　ワークシートの全ての項目を完了している　　　　　　　（3 points）
  理解の正確さ　コンテンツの要旨を正しく理解し要約している　　　　　（2 points）
  振り返り　　　リスニング活動と自身のスキルについて深く考えている（5 points）
  ＊十分な活動を行なっていると評価できないリスニングジャーナルは減点対象となります。

次のページにワークシートの記入例があります。参照して下さい。

図 8-4　リスニングジャーナルとガイドライン（3 ページ目）

するための具体的な方策としてリスニングジャーナルを捉えていたのではない
かと考える。それ以外の7割程度の学習者は第16週の提出期限の2週間前ぐ
らいから最初のエントリーを提出しはじめ、全てのエントリーの提出が完了し
たのは期限直前であった。1割の学習者たちは、6つのうち3つあるいは4つ
のエントリーのみ提出していた。残りの1割からはジャーナル・エントリーお
よび他の課題も提出がなかった。期限の直前になって間に合わせるように提出
した学習者が7割程度いたことは、リスニングのトレーニングを定期的に行い
スキルの向上につなげてもらいたいという教師側の意図は理解されていなかっ
たと判断できる。メタ認知的な能力を育成するためには、明確な指示が必要で
あるとの指摘があるため、今後はタスクの導入の際に、メタ認知とは何か、ど
のように個々の学習に役立つのかなど、学習者と共に考える機会を設ける必要
がある。また、未提出者や全てのエントリーの提出が間に合わなかった学習者
については、学習ペースの自己管理とは別に、タスクのみならず英語学習への
意欲や動機づけの低さがその要因となっている可能性もある。このような点に
も留意して指導していかなければならない。

3.3.3　リスニング教材の選択

「どのような教材を選べば良いですか？」のセクションでは、学習者が学習の目的や目標に合わせて自由に教材を選んで学習するように指示している。自由に選択して良い、とだけ書いても、自分で選ぶことを億劫に感じたり、どのような教材を選んで良いのか分からない学習者がいる。そこで、個別のリスニング活動に取り組みやすそうなウェブサイトとアプリケーションを紹介した。教材を選ぶ基準となるように、教材の特徴や使い方の例も共有している。活動に取り組みたいけれども自分で選んだ教材が適しているのかどうか判断がつかない学生がいることを想定して、相談も受け付けることを記載した。

3.3.4　実践のリフレクション：リスニング教材の選択

提出されたリスニングジャーナルを読むと、ガイドラインで紹介したサイトや、TOEIC 試験対策本を教材として使った学習者が多かった。学習者が興味を持っている専攻分野についての動画や、有料動画配信サービスを利用して英語の映画やドラマを視聴している学習者もいた。非同期型遠隔授業だったため、ガイドラインで無料の英語学習サイトの URL と利用の仕方を説明するにとどまったが、利用している様子を簡単な解説動画にしてオンライン上に置くことも考えている。同期型授業では、実際に使っている様子を共有し、学習者からの質問を受け付けることもできる。学習者がすでに利用している音声教材や動画をお互いに紹介し合う時間や、オンライン上の場所を設けることも可能だろう。学習者が自ら試行錯誤しながら自分に適したものを見つけていくことが、自律した学習を進めていくために必要な過程であることも説明する必要があると考える。

3.3.5　リスニング活動

「どのように活動すれば良いですか？」のセクションでは、ジャーナルのワークシートの項目に沿って、何を記入する必要があるかを確認している。活動の目標、教材のタイトルや URL、聞く活動中のメモ用紙の使い方などを記載した。日本語か英語のどちらかの言語に統一せず、学習者が選べるようにした。

自己決定権を残した形である。教師側の視点から、英語での記入は、英語が苦手だと感じている、また、英語のコンピテンシーが低い学習者にとっては、認知的な負荷が高くなると判断したこともある。英語が得意である、また、学習意欲のある学習者にとっては、日本語に統一するとやりがいのない活動になると考えた。また、ワークシートのテンプレートをダウンロードして使えるようにし、タイピングまたは手書きのいずれかを選べるようにした。

3.3.6　実践のリフレクション：リスニング活動

　提出されたリスニングジャーナルから、学習者が選択している活動の種類が少ないことに気づいた。代表的な活動は、読解問題（listening comprehension）と、聞いて内容を理解した後、字幕で理解が正しいかどうかを確認するものであった。意欲的な学習者は、この2つの活動に加えて、シャドーイングやディクテーションを行っていたが、少数である。また、活動の効果的な取り組み方や、活動の効果については説明したり、デモンストレーションをしたりしていなかった。1年生は、大学入学後は英語の授業を遠隔授業という形態でしか受講したことがなく、どのように活動して良いか分からなかった学習者も多いため、ガイドラインに説明を加筆したり、デモンストレーションを同期型授業で行うか、動画を作成するなどして補足したい。

3.3.7　目標、学習ストラテジー、活動内容

　図8-3はリスニングガイドラインの2ページ目である。「ワークシートはどんなものですか？」のセクションでは、ジャーナルのワークシートの各項目について、どのように記入すれば良いか解説している。リスニングジャーナルのタスクでは、目標：何を目標にしてリスニング活動を行うか、学習ストラテジー：どのようなストラテジーを使って活動を効果的に行おうとしたか、または、行ったか、活動内容：具体的にどのような活動を行ったか、が要となる。Goh（2010）とSchmidt（2016）のテンプレートから取り入れて、目標を定めた例文、リスニングストラテジー、活動内容について複数の具体例を示し、学習者が参照して記入できるようにした。

3.3.8　実践のリフレクション：目標・学習ストラテジー・活動内容

　提出されたジャーナルを実際に評価してみて、これら３つの項目について例示の仕方を改善する必要があると感じた。目標については、学習者はガイドラインの例示に従って、類似した目標を設定する傾向にあり、独自の目標を設定していたジャーナルはわずかであった。学習者自身が自分で目標を設定することで、メタ認知的能力を育みたいという教師側の意図は、学習者の目標設定の仕方に反映されていなかった。例えば、ガイドラインで「イントネーションや発音を向上させるトレーニングをする」という目標を例示したが、どのようなトレーニングが効果的であるかや、そのやり方については具体的な指導をしていなかったことが１つ目の理由だと考える。２つ目には、学習者はリスニングジャーナルの１つのエントリーで何を達成するかという目標を記入しており、学習者がもっと大きな目標に目を向けられるような例示にはなっていないことが原因であると考える。多様なリスニングのトレーニング方法を紹介すると同時に、一つ一つのエントリーが学習者の英語習得にどのような意味を持つのかを、学習者と考える機会を授業の中で設けたい。学習ストラテジーについても例示に従って記入されているジャーナルが多かった。どのようなストラテジーがあるのかを学習者どうしでディスカッションをして考えさせるような機会を設けることも考えている。さらに、学習者が学習者のままで終わらず、能力のある第二言語使用者となっていける、という視点を学習者と共有することも重要だ。言語学習の動機づけに関する研究では、「第二言語を使う理想の自分」あるいは「第二言語を使う理想とすべき自己」という大きな目標を抱けるように、学習者を指導する必要が指摘されている（Dörnyei, 2005、ただし廣森、2010, p.25 より引用）。これは言語学習者のアイデンティティ研究の視点とも関連している。学習者が英語を使って何がしたいのか、どのような自己になりどのようなコミュニティに所属したいのかという「想像のアイデンティティ」（imagined identity）および「想像の共同体」（imagined community）（Norton, 2012）をイメージすることができれば、学習者が授業課題の一つであるタスクに意味を見いだし、自律的に学習する助けとなると考える。

3.3.9 リフレクションと評価

図8-4はジャーナルガイドラインの3ページ目である。リスニング活動が終わった後に記入するリフレクションと評価項目と簡潔な評価基準を示したセクションである。Goh（2010）とSchmidt（2016）が提案しているリフレクションの例を参照し、学習者が自分自身に問いながら選んで行った活動を振り返ることができる質問例を提示した。固定的な5つの質問に加えて、そのほか気付いたことを書いてみるように促している。3つの評価項目で合計10点になるようにした。「完成度」は10点中3点とした。ジャーナルワークシートの全ての項目が記入してあり、学習者がよく考えてタスクに取り組んでいるかを評価する。次に、「理解の正確さ」という項目は、リスニング活動を行った結果、コンテンツが理解できるようになったかを見るものである。コンテンツの内容を適切な要約で伝えることができているかを評価した。最後の項目はリフレクションを評価する項目である。リスニング活動と自身のスキルについて深く振り返ることができているかを評価する。

3.3.10 実践のリフレクション：リフレクションと評価

提出されたリフレクションを読んでみると、前項3.3.8の目標・学習ストラテジー・活動内容と同様に、多くの学習者が例示の質問に答える形でリフレクションを行っていた。一方、自分で判断して自己の目標や活動内容に照らした形で、独自の視点で振り返っている学習者はごくわずかであった。リスニングジャーナルのようなタスクを、初めて経験する学習者が例示に頼ることは想像に難くない。メタ認知的アプローチによる自律型タスクをデザインする時には、学習者がタスクの持つ意味を理解して取り組めるように、明示して指導を行うことが必要であると実感する。リフレクションを促すために箇条書きで例示した質問は、「はい」と「いいえ」で単純に答えられてしまう。タスクが学習者のリスニングスキルの向上にどのように役立ったのか、継続する必要があるのかそれとも内容を変えた方が良いのか、活動が上手く行えなかったのはどうしてか、などを振り返り、課題の意味を認識するというメタ認知的な活動を促すことができていない。言い換えれば、リフレクションが課題の意義を認識

できるところにまで深まらなければ、1つ目のエントリーと同じ活動、同じリフレクションを繰り返すだけになってしまう。リフレクションの意義を学習者が理解してタスクに取り組むためには、教師が学習者に分かるように明確にその意義を共有する必要がある。教師からのメタ認知に関する簡潔な講義や学習者どうしのディスカッション活動を行いたい。

3.3.11　サンプルワークシート

　記入例として図8-5のサンプルワークシートも参照できるようにした。筆者が教材を選び、学習者の参考になるように作成したものである。英語学習者向けのウェブサイト：VoiceTubeでリンクが貼られていたビル・ゲイツが世界人口について話しているYouTube動画を取り上げた（Gates, 2018）。リスニングジャーナルの評価基準を満たす程度の内容になるように作成した。summary（要約）、personal goal（個人の目標）、strategies（学習ストラテジー）、activities（活動内容）、reflection（振り返り）などの項目の記入内容は、このサンプルを作成した時点では問題がないようであった。reflectionの項目では、振り返った内容を箇条書きで記入した。ワークシートの最後に、evaluation（評価）の3つの観点：completion（完成度）、correctness（理解の正確さ）、reflection（振り返り）と配点を表示し、得点を記入する欄を設けた。

3.3.12　実践のリフレクション：サンプルワークシート

　多くの提出されたジャーナルを読むと、筆者がサンプルワークシートで例示した上述の項目の内容通りに記入されていることが分かった。リスニングジャーナルのような自律型の学習を促すタスクを経験したことがない学習者にとっては、タスクの完成形を示したサンプルはタスクへの取り組みを促してくれる足場かけ（scaffolding）（Vygotsky, 1978）の役割を果たしてくれる。しかし、一方、学習者に「参照してください」と伝えるだけでは、サンプルと極めて類似したジャーナルが提出されてしまう。また、ジャーナルのワークシートはタイピングしても良いとしているため、教材、教材の要約、活動の内

Listening Journal Guidelines

Sample: リスニングジャーナルの記入例です。
ガイドラインの2～3ページ目の日本語の説明と照らし合わせながら記入しましょう。

Date		MM/DD/YYYY	Student ID #	XXXXXX
Name	Kyushu Hanako			
Material Title	Does saving more lives lead to overpopulation?			
URL or publisher	https://jp.voicetube.com/videos/61936?ref=vt_web_recommended_video_list			
Summary	In a presentation, Bill Gates answered a challenging question about overpopulation globally and described how saving more lives leads to a decrease in the world population. "The faster we improve health, the faster the family size goes down."			
Personal Goal	complete understanding of the main idea and some details			
Language	<ul><li>"7.5 billion" - our current world population.</li><li>"global population growth"- a population increase in the world.</li><li>"extend" - make larger.</li></ul>			
Strategies	listening for signals, listening for details			
Activities	First, I watched the whole video and repeated the sections I couldn't hear. Then I watched the video clip several times until I understood the content.			
Reflection	1. I understood about 80% of this lecture. 2. Difficult things were the sections where difficult words were used. 3. I found Bill Gates' explanation of the world population is very informative. 4. I watched with subtitles in my language and realized I misunderstood several sections. 5. I have to pay attention to words that sound like other words. I thought I heard certain things, but they turned out to be another word.			
Evaluation	**Your score: _____ / 10 points**			
Completion	Have you completed the entry fully? (3 pts)			
Correctness	Have you summarized the material content correctly? (2 pts)			
Reflection	Have you deeply reflected on your listening skills? (5 pts)			

図8-5　リスニングジャーナルのサンプルワークシート

容は新しいものに変えているが、その他の項目はすでに提出したジャーナルと同じ内容のままで提出する学習者も残念ながらいた。提出済みのエントリーでのリフクレションから何を学んで、どのように活動の内容と質を向上させたのかという視点をリフレクションに含めることも考えている。メタ認知的なアプローチを取り入れ学習者の自律的な学習を促すという指導の目的に反しないように、サンプルを提示した後、グループあるいはペアで学習者がサンプルを読み、修正した方が良い点、よく出来ている点など意見交換ができる機会を授業の中に設け、タスクの意義について十分な理解を促したい。

4. ま と め

本稿では、先行実践に倣って筆者がデザインしたメタ認知的アプローチによる自律型リスニングタスク：リスニングジャーナルの内容とその実践を振り返った。この振り返りからメタ認知とは何か、自律的な学習とは何か、について明確に指導する必要があることを認識することができた。遠隔授業の制約はあるが、学習者どうしがタスクの意義について話し合える機会を設け理解を促したい。また、最終的にどのような英語ユーザーになりたいのかという大きな目標に目を向けさせる指導も必要である。今後は、タスクと指導の質を向上させるため、学習者のワークシートの記述を質的なコーディングにより分析し、学習者がどのようにタスクに取り組んでいるのかを詳細に明らかにしたい。

謝　辞

本研究は JSPS 科研費（19H01281）「工学系日本人大学院生の博士論文英語化推進ツール EJET の開発」の助成を受けて行ったものです。代表者である石川有香教授（名古屋工業大学）に感謝申し上げます。

引用文献

Davidson, N., & Major, C. (2014). Boundary crossings: Cooperative learning, collaborative learning, and problem-based learning. *Journal on Excellence in College Teaching, 25* (3&4), 7-55.

Gates, B. (2018, February 18). *Does saving more lives lead to overpopulation?* [Video] Youtube. https://www.youtube.com/watch?v=obRG-2jurz0&feature=emb_title

Goh, C. (2010). Listening as process: Learning activities for self-appraisal and self-regulation. In N. Harwood (Ed.), *English language teaching materials: Theory and practice* (pp.179-206). Cambridge University Press.

廣森友人 (2010)「動機づけ研究の観点から見た効果的な英語指導法」小嶋英夫・尾関直子・廣森友人 (編著)『成長する学習者：学習要因と自律学習』英語教育学体系第 6 巻 (pp.47-74) 大修館書店.

関西大学 (2020)「2020 年度春学期実施『遠隔授業に関するアンケート』結果から見えたこと」Retrieved February 10, 2021,
from https://www.kansai-u.ac.jp/ir/online_survey_2020sp_digest.pdf

小嶋英夫 (2010)「学習者と指導者の自律的成長」小嶋英夫・尾関直子・廣森友人 (編著)『成長する学習者：学習要因と自律学習』英語教育学体系第 6 巻 (pp.133-161) 大修館書店.

Lightbown, P. M., & Spada, N. (2013). *How languages are learned*. Oxford University Press.

Norton, B. (2012). *Identity and language learning*. (2nd ed.). Multilingual Matters.

Ochs, E., & Shiffrin, B. B. (2011). The theory of language socialization. In A. Duranti, E. Ochs & B. B. Shiffrin (Eds.), *The handbook of language socialization* (pp.1-21). Blackwell.

尾関直子 (2010)「学習ストラテジーとメタ認知」小嶋英夫・尾関直子・廣森友人 (編著)『成長する学習者：学習要因と自律学習』英語教育学体系第 6 巻 (pp.75-103) 大修館書店.

Schmidt, A. (2016). Listening journals for extensive and intensive listening practice. *English Teaching Forum, 54* (2), 2-11.

東京大学 (2020, July 31)「オンライン授業の感想を教えてください。：Stay home but our heart is on campus!　第 6 回」Retrieved February 10, 2021,
from https://www.u-tokyo.ac.jp/kyodo-sankaku/ja/campus-voice/s0902_00036.html

Vygotsky, L. S. (1978). *Mind in society: Development of higher psychological processes*. Harvard University Press.

早稲田大学 (2020)「オンライン授業に関する調査結果」Retrieved February 10, 2021,
from https://www.waseda.jp/top/news/70555

第 9 章

理工系研究者向け英語論文の書き方
── 日本人英語の特徴と改善策 ──

小野　義正　（理研創発物性科学研究センター）
yoshimasa.a.ono@riken.jp

How to Write Scientific and Engineering Papers in English
── Characteristics of Japanese English and
Their Remedy Methods ──

ONO　Yoshimasa A.
（RIKEN Center for Emergent Matter Science）

Abstract

This paper discusses how to write proper technical papers in English for young Japanese scientists and engineers so that their papers can be easily understood by native speakers of English. For this purpose, differences in the writing styles and sentence structures of English and Japanese are pointed out and proper writing styles in writing technical papers in English are presented.

1. は じ め に

　大学や企業の研究開発部門での研究活動の場はグローバル化し、研究者・技術者にとって自分の研究成果を広く世界に発信するためには、英語で論文を書き論文誌に発表することが必須となっている。これは研究そのものと同じくらい重要な作業である。このように英語論文執筆の機会は多く、英語での情報発信能力は必須となってきた。しかし多くの研究者・技術者は、日本語で論文の原稿を書いてそれを英語に翻訳することが多く、英語のネイティブ・チェックを受けたにもかかわらず、投稿した英語論文が査読者に理解してもらえない（誤解される）ことが多く、書き換えを要求されることが頻繁に起こっている。その原因は投稿した英文が英語の論理に従っていなかったり、英語論文の構成と合っていなかったりすることが原因となっている。英語による表現力は、コツを押さえて訓練すれば向上し、誰でも英語を母国語とする研究者・技術者に分かってもらえる論文執筆ができるようになる。本稿では、科学・技術論文を英語で書くときの心構えと、知っておいた方が良いと思われる英語そのものに関するセンスを、日本語と英語の発想の違いに注目して議論し、正しいわかりやすい英文作成ができるための基礎知識を述べる。

2. 論文査読報告（日本人研究者の書いた論文の英文が悪い）：理由と対策

2.1　日本人研究者・技術者が書いた英語論文の問題点

　日本人科学者・技術者が書いた英語論文を投稿したとき、論文査読報告書（レフリーレポート）の中でよくあるコメントには、「英文が悪いので、英語のよくわかる人、できれば英語のネイティブ・スピーカーに助けてもらって、論文を書き直せ」がある。（小野義正 2004）

　Please ask someone familiar with the English language to

help you rewrite the paper. As you will see, I have made some corrections at the beginning of the paper where the syntax is not satisfactory. It is clear that the authors are not native speakers of English. There are frequent changes in tense where none is required and much confusion about the use of the definite article. We feel that this potentially interesting study has been marred by an inability to communicate the findings correctly in English and would like to suggest that the authors seek the advice of someone with a good knowledge of English, preferably a native speaker.

　ほとんどの人が論文を投稿する前に、英語のネイティブ・チェックにかけているのに、どうしてこんなコメントが来るのか、不審がる研究者が多いと思うが、その大きな理由には以下の2つがある。

　①　英語自体よりも英文論文の論理のほうが重要である

　英語論文としての構成が良くないために理解しにくい。すなわちよい科学・技術英語論文を書くことは、上手な英語を書くことから始まるのではなく、英語論文がもつべき論理と必要とする構成（IMRAD）を理解しなくてはならない。ここでIMRADとは、論文を書くときには、Introduction, Materials and Methods, Results, and Discussion の順にすることである。（小野義正　2001；小野義正　2016；片山晶子　2017）

　英語論文を書く際の英語の間違いは、校正の段階で容易に修正できるが、論理と構成の悪い論文は、そう簡単に修正（書き換え）できないし、これをよい論文にかえるのは重労働である。

　②　英語ネイティブ・チェックは魔法ではない

　ネイティブ・チェックでは、英語の表面的なミスは直っても、ロジックやパラグラフ構成など内容に関わるところを直してくれるわけではない。原稿のロジックがあまりに不明瞭であると、ネイティブ・チェッカーは内容が理解できず、想像で英文だけを修正しだすので、修正結果の品質が著しく悪くなる。これへの対策は、執筆者自身がきちんとした英語論文を書くように努力すること

である。

この査読報告書に書かれているのと同様の指摘が、American Institute of Physics（アメリカ物理学会）の Style Manual（1990）に書かれている。これは英語のノン・ネイティブ・スピーカーに対する英語論文の書き方の注意点についてのものである。

Those whose native language is not English need to be particularly careful to make sure their manuscripts are clearly and grammatically written before submission. Whenever possible, ask someone who is a native English speaker, and who has at least some knowledge of your subject matter, to read the manuscript in draft form and comment on the writing style.

Having a good knowledge of the technical terminology and being able to read written English does not guarantee the ability to write accurate English. The proper use of definite and indefinite articles, and the proper choice of prepositions, are notorious examples of English writing style that non-English speakers find difficult. Non-native English speakers may not even be aware, solely from their experience as readers of well-written English texts, of the nuances they need to observe when they turn to writing English themselves.

Editors and referees will, in general, make every effort to judge the scientific content of a paper without being negatively influenced by poor English style, provided the errors are not bad enough to obscure the meaning. In extreme cases, however, papers must be returned to their authors for rewriting by a native English speaker before they can be reviewed.

日本人研究者が英語で論文を書くときによくやる方法は、まず日本語で原稿

を書いてそれ和英辞典を用いて英文化しようとする（直接翻訳する）ことである。日本語の原稿を書くときには、日本語でよいとされている書き方、すなわち「起承転結」を用いることが多いが、それを直接翻訳すると英語として非常に分かりにくいものになってしまう。それは、起承転結は文学や詩文向けのもので、論文向けの構造ではないためである。特に英語論文はあらかじめ行き先が分かっている文章であり、小説のように予測できない話の展開や結論を楽しむものではない。さらに「転」が入っていては論文としては失格である。

　英語論文の場合は、Introduction ⇒ Body（Materials and Methods, Results, and Discussion）⇒ Conclusion の順序に従って書かれ、論理の流れが一本になっていなければならない（これを一貫性（coherence, consistency）という）。問題提起がなされ、その議論が進んで行く時に、「転」のように思考を止めなければならないような「つながらない」文章が挟まれていてはならない。たとえ「結」で、「実は関係があった」「前振りであった」ことが明らかにされるとしてもダメである。英語論文は結末への展開を楽しむものではなく、「これでもか！」と読者の注意をそらすことなく筆者の主張を、実験結果と考察をもって読者を説得するものである。

　「日本語から英語への直接翻訳はしてはならない」と A. J. Leggett（1966）は、日本物理学会誌のエッセイ "Notes on the writing of scientific English for Japanese physicist" の中で、以下の様に述べている。

　At first sight, it is tempting to think that the problem of writing good English is solved if one can write good Japanese and then give a perfect translation. I believe this is not necessarily true. "Japanese English", hereafter abbreviated J.E., has the peculiar property that it can be grammatically perfect and yet, if not completely unintelligible, at least "opaque" and baffling to the average English reader. This property is often shared by English translations (even by expert translators) of articles written originally in Japanese; it is clearly, therefore, not due to bad translation. I believe, therefore, it is necessary to recognize that some patterns of thought which are acceptable in Japanese may be unintelligible or puzzling in English (and, no doubt, vice versa).

Moreover, ways of saying things which make sense against a Japanese background may either be nonsense or give quite the wrong impression when interpreted against a Western European one. (For instance, if you state a conclusion tentatively or indefinitely, a Japanese reader will understand that this is because you do not wish to be too blunt or assertive, but a European reader will often conclude simply that you are not really sure about it). Since, presumably, the vast majority of your readers will share the Western European background, it is necessary to make allowance for this fact. Of course, this problem is less important in scientific writing than in some other kinds, and the vast majority of Japanese physicists obviously recognize and make allowances for it; however, when it is not recognized the resulting confusion is so deep-seated that it is worth emphasizing in some detail.

2.2　起承転結 vs. 序論・本論・結論 (Introduction, Body, Conclusion)

ここで、「起承転結」の問題点と正しい英文にするための対策について述べる。(木下是雄　1981；加藤恭子、ヴァネッサ・ハーディ　1992；木下是雄 1994；加藤恭子　1997；ジャン・プレゲンズ　1997；小野義正　2001；鳥飼玖美子　2004；遠田和子、岩淵デボラ　2007；小野義正　2016)

「起承転結」という代表的な日本語の論理構成では、まず「起」で話題を起こす。しかしまだこれについては何を言いたいのかは言わない。「承」で話題を発展させるが、「転」ではいったん話題から逸れ、新たな見方を提示する。最後の「結」で全体をつなぐような結論を出すが、一番言いたいこと（結論）はこの最後で述べるようになっている。

英語では論理の流れがちょうど逆になる。まず序論（Introduction）では、

文章の主題、つまり要点を述べる部分で、日本語の「起」とは異なり結論を要約するステートメント（トピック・センテンス）を含む。本論（Body）では、主題とその結論を裏付ける（サポートする）内容となる理由、根拠、事例、データを展開する。最後に結論（Conclusion）となる要点を繰り返す。この間主旨があくまで一貫して論理的であることが必要である。

　この二つの文章作法の最大の違いは、結論の扱いである。文章を書くためには最初に考えをまとめる必要がある。このとき、日本人は日本語で身についた起承転結の方法で考えをまとめるのに慣れている。すなわち「起」の部分で書こうとする主題の背景や事情を説明し、一番言いたいこと、最も大事なことを「結」として最後に述べる。

　一方、英語の文章では結論を最後に述べる構成をとると問題が生じる。英語の文章では、要点を真っ先に述べてから主題を展開するので、これに慣れた英語圏の読者は文章の冒頭でその全貌を予想する。これから読む文章の主題と、それに対して筆者がどのような立場に立っているのかを最初に知ろうとする。冒頭でテーマがはっきりせず前置きが長いと、英語圏の読者は予想を裏切られ、「いったい筆者は何を言いたいのか」といらいらしたり、「結論は何だ」と疑問に思ったりする。

　さらに英語では主旨が首尾一貫している（consistent, coherent）ことが求められる。つまり、文頭で要点を述べた（come straight to the point）あとは、その要点からそれないで（stick to the point）論旨を展開することが大切である。起承転結の構成で英文を書くと、「転」の部分が脇道にそれたように映るか、もしくは主題からの逸脱や非論理的または自己矛盾とみなされる。

　日本人が英文を書く際には、英語の文章構成を学び、考えをそのパターンに沿ってまとめることが必要である。いくら文法的には完璧でも、結論が曖昧であったり、矛盾があったり、論理的でなかったりする文章は理解してもらえない。反対に英語圏の人々が慣れ親しんだパターンに沿って考えをまとめ、彼らが予想する構成でアイディアを提示すれば、英語はそんなにうまくなくても意図はよく伝わる。

　ここで起承転結の例を挙げ、なぜ「英語国民を説得できない」かの理由を説

明する。

大坂、本町、糸屋の娘　　　（起）

姉は十八、妹は十六　　　　（承）

諸国大名は弓矢で殺す　　　（転）

糸屋の娘は目で殺す　　　　（結）

　この例では、「起承」で情報を列挙し、「転」で一見何の関係もない弓矢の話に移る。転句を使って読者のイマジネーションを膨らませる。同時に「糸屋」と「弓矢」で脚韻を踏ませ、響きをよくしている。すなわち論理よりも感性を大事にするのである。

　しかし、これを英語の視点から見ると非論理的となる。特に「転」が問題である。「転」で「読む人を煙に巻く」と考えられるので、このまま英文にすると、

In a thread shop on the main street in Osaka, live two pretty daughters.

The older one is eighteen and the younger sixteen.

Japanese feudal lords in various regions are killing people with bows and arrows.

Each daughter is killing men with her charming dark eyes.

となるが、これでは読む人は混乱し、理解できない結果となってしまう。

　英語の発想では、最初に結論を述べ、その後でその理由を説明する。また一貫性が重要なので、「転」の部分は除く必要がある。そこで英語の発想でこれを書き直すと次のようになる。

大坂、本町、糸屋の娘の眼は魅力的　　　（起承）

姉は十八、妹は十六　　　　　　　　　　（承）

黒目がちな大きな瞳に　　　　　　　　　（承）
街の男たちは首ったけ　　　　　　　　　（結）

これではもとの句にあった「イマジネーションを膨らませる」という面白みは失われてしまうが、著者の言いたいことは間違いなく伝わる。

2.3　日本語の思考パターン（渦巻型）vs. 英語の思考パターン（直線型）

このようなことが起こるのは、いろいろなアイディアの提出のされ方が、言語により異なることに起因する。日本語には日本語特有の、そして英語には英語特有の書き方がある。こうしたアイディアの提出の仕方を、思考パターン（thought pattern）と呼ぶ。これは以下の図で示すように、日本語で書かれた文章は日本人に好まれる渦巻き型の Japanese thought pattern をとり、英文は英語を話す人々によしとされる直線型の English thought pattern をとるからである。（R. B. Kaplan 1966；大井恭子　2002；上村妙子、大井恭子　2004）

これは、日本語においては普通書き手が一番述べたい点は、「結論」として最後に置かれるが、英語では書き手の主張の要点は冒頭で打ち出される。このため、日本語発想で書かれた日本語をそのまま英語に置き換えても、よく分からない英語になってしまう。なぜなら、翻訳された一つ一つの文が正しい単語が使ってあり、文法的にも正しいものであっても、文が集まってできたパラグラフとして、あるいは文章全体としてみたとき、英語の文章として成り立たないということが往々にしてあるからである。

これらは、話の展開の仕方の違いや説明に対する態度の違いにでてくるので、日本人が英語で作文しようとするときに現れ、１つ１つの文を見ると文法的に誤りがないのに全体の流れがどうも変だ、何を言おうとしているのかよく

日本語の思考パターン（渦巻き型）（Japanese thought pattern）	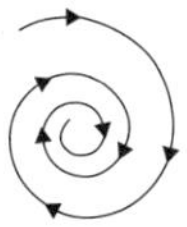	英語の思考パターン（直線型）（English thought pattern）	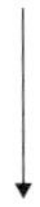

図９-１　日本語と英語の思考パターン

分からないという印象を英語のネイティブ・スピーカーにいだかせる結果になる。

　ここで重要なことは、こうした文章の展開の仕方は外国人には学ぶことができないということでは決してないことである。英語を母語として話す人であっても、小学校の英語の授業から大学での Freshman English（大学1年生対象の英語の授業）まで、学校で正しい英語の書き方を学んでしているのである。だからこそきちんとした英文が書けるようになったのである。日本人も、科学・技術英語で期待されている修辞パターンを身につけるべく勉強すればよい。

　したがって、どのようにしたら organize され（まとまっていて）、logical（論理的）であり、filled with related materials（脈絡があり）であり、developed coherently with statements that remain supported（論拠に基づき一貫性を持って展開される）な英文を書くことができるのか、そのスキルを学ぶ必要がある。

2.4　和文和訳して、無生物を主語とする簡潔な物主構文をつくる

　英語のネイティブ・スピーカーに分かってもらえる英語を書くには、まず日本語を英語の構成で書かれた日本語に翻訳（和文和訳）して、それを英訳する必要がある。すなわち「和文和訳：Translate from Japanese to Japanese first, and then translate it into English.」が必要となる（小野義正　2001；Y.A. Ono 2006；小野義正　2016；Y.A. Ono 2017）。このとき出来上がった英文には、無生物を主語とする物主構文になることが多く、出来上がった文章はSVO の第三文型になる。

　①　物主構文（無生物を主語とする構文）を使う

　英語には原則として主語が必要であるので、日本語から英語にするときには、まずは「主語を何にするか」を考え、その文の中で一番重要な名詞（名詞句）を主語にする。ところが日本語を英語に直訳したり、日本語の発想のままで英文を書いたりすると、"we" や "I"（1人称）が多い文になる。しかし科学・技術論文では "we" や "I" を避けるのが原則である。

　そこで、英語論文では 1 人称を多用しないために、無生物を主語にする文（無生物主語構文：物主構文）を使うことが多いが、日本語ではほとんど使われない構文なので難しい。しかし、英語を母国語とするネイティブ・スピーカーの観点からは、「無生物主語構文」「物主構文」などの呼び名については、そのコンセプト（なぜそんな特別の構文であるかのような呼び名を使うのかの根拠）がよく分からないようである。なぜならば、英語では日本語でいう「無生物」を主語とした構文はごく普通で、取り立ててそれに名前をつけて分類するということをしないからである。しかし日本語には英語のように「無生物」を主語として文を構成する言語文化がないため、英語の「無生物主語構文」は特殊なものに見え、その結果そういう名前で呼ぶようになったと思われる。

　日本語で主語が明記されていない場合に英訳するとき、「和文和訳」して物（無生物）を主語とする構文に直し、それを英語にすることが必要となる。このとき、「和文和訳」された文には、主語（S）と動詞（V）と目的語（O）が必要である。また日本語の主語をそのまま英文で使えない場合や、日本語に主語が明示されていない場合には、問題文の文脈や状況に応じて適切な主語を設定する必要がある。

　たとえば、「雨のせいで彼は来られなかった」を He couldn't come because of the rain. と直訳するよりも、日本語を「雨が彼が来ることを妨げた」と言い換えて（和文和訳して）、The rain prevented him from coming.（SVO の形）のように無生物主語を使って書く方がよい。

　② 　無生物主語で使える動詞

　無生物主語で使える動詞は決まっており、すべての動詞が無生物主語で使えるわけではない。しかし、「人間主語」で書けない、あるいは書きにくい場合には、「無生物主語」を使うと英語らしい英語となる。

　（i）因果関係を単文でダイレクトに表したいとき cause, lead to, bring about などを使う

「食べ過ぎると、体重が増えます」

× If you overeat, you will get weight. → Overeating causes weight gain.

○ This change causes uncomfortable vibration.

○ Too much sugar causes cavities.

○ Smoking causes [leads to] cancer.

○ Dry weather causes [leads to] crop failure.

(ii) 手段・道具＋allow ～で（を使うと）…できる

「携帯電話を使うと、オフィスの外で仕事をすることができる」

× If you use a cell phone, you can work outside your office.

   → A cell phone allows you to work outside your office.

「電子辞書を使うと、単語を簡単に調べることができる」

× When you use an electronic dictionary, you can look up words easily.

   → An electronic dictionary allows [enables] you to look up words easily.

(iii) 日本語では、暗に人が主語になる言い方をする場合でも、英語では実験（experiment）、分析（analysis）、測定（measurement）、観察（observation）などを主語にする

「当社の分析によれば、この設計では強度が十分でないことが判明しています」

   → Our analysis reveals that this design is not strong enough.

「このインジケーターは1ミクロンまで読める」

   → This indicator can read to 1 μm.

③ If節やWhen節内の名詞を主語にする

日本文が「～ならば、～である」とか「～であるときには、～である」の場合に、機械的に If ～とか When ～で文を始めないで、If や When に率いられる従属節にある名詞を主語にする方が簡潔な締まった文（物主構文）になり、科学・技術英文には好ましい。

「温度が 2-3 度上昇すると、エンジンが加熱する」

× When the temperature rises by 2 or 3 degrees, the engine often overheats.

日本語が「～すると」になっているので when で始めたのだが、これでは日本文をそのまま英文に移し変えたにすぎず、文に締まりがない。

   → When で始まっている従属節を、「温度の上昇が～」のように「和文和

訳」して、これを主語として

A rise in temperature by 2 or 3 degrees often makes the engine overheat.

とすると、前の文よりも締まりがあると同時に、話題の中心語（a rise in temperature）が主語となっているために明確でよい。

ここでoverheatは他動詞ということに注目し、「make＋目的語＋動詞」の構文を避けて、SVO の構文にすると、さらに簡潔な文ができる。

→ A rise in temperature by 2 or 3 degrees often overheats the engine.

「本プログラムを使用すると、時間の節約になる」

× When you use this program, you can save time.

When 構文を使ったので、長い文になった。また科学・技術英文では使わない you が文中に2回出てきており冗長である。

　→ 和文和訳して、「本プログラムの使用」を主語にする文にする。

　　The use of this program results in time saving.

　　The use of this program saves time.

　　さらに「本プログラム」を主語にすると、もっと短い文になる。

　　This program saves time.

④　「～では」「～には」は～を主語とせよ

「この規則では、雰囲気温度に関して厳しい制限がある」

× In this regulation, there are strict restrictions regarding atmospheric temperature.

日本語の順序にそのまま訳し、there are 構文を用いたので、ダラダラとした英文になった（There is/are 構文は科学・技術論文では使わない）。

　→「この規則は雰囲気温度に厳しい制限をする」という英語的発想の和文に書き直し英訳する。

　　This regulation strictly restricts atmospheric temperature.

「この理論では、物質の挙動を説明することができない」

△ One cannot explain the behavior of matter using this theory.

△ The behavior of matter cannot be explained by this theory.

→ いずれも間違いではないが通常の英文は、「この理論は〜を説明することができない」と発想し、theory を主語とする物主構文を用いる。

This theory cannot explain the behavior of matter.

⑤　「〜の結果」は as a result だけではない

「相分離の結果、信頼できないデータが得られた」

× As a result of phase separation, unreliable data were obtained.

　日本語の順序に沿ってそのまま訳したので、冗長な英文になった。

→ 原因である「相分離」を主語にして、「相分離が〜を結果とした」と発想する。動詞としては result in 用いるか、「相分離は〜を引き起こす」と発想して produce を用いる。

Phase separation resulted in unreliable data.

Phase separation produced unreliable data.

「温度調節を行った結果、問題が解決した」

× As a result of the temperature adjustment, the problem was solved.

　日本語の順序に沿ってそのまま訳したので冗長な英文になった。

→「温度調節」を主語にして、「温度調節が問題を解決した」という SVO の構文に書き直す。

The temperature adjustment solved the problem.

SVO 構文を使うことにより、コンマを伴う副詞句がなくなり、短く読みやすい表現になった。また能動態にしたため、強い印象を与える文になった。

3.　分かってもらえる論文は英語の発想で（Leggett's Trees）

　さらに注意しなくてはならないことは、文の構造と文章の流れが、日本語（英語）の論理の骨組みと英語の論理の骨組みの違いによって大きく異なっていることである。

　この違いをパターン化して明快に初めて示したのは Leggett であった。（A. J. Leggett 1966; A.J. Leggett 平野進（訳）1999; A.J. Leggett 2013）

日本語英文（JE 型（Japanese-English format）：日本語からの直接翻訳）
と英語文（E 型（English format））の構造と文章の流れの違いを示す図（「レ
ゲットの樹」Leggett's Trees）と説明を下に示す。

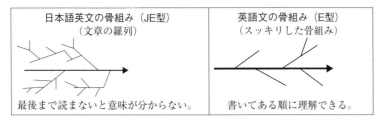

図 9-2　文の構造と文章の流れ（Leggett's Trees）

この違いは次のように説明できる（木下是雄　1981）。

・日本語英文（JE 型：Japanese-English format）の論理：

　　説明（修飾などの副文章）が先に来たり、複数の思考を関連させたり
しながら、本筋（主文章）へ合流させる下水道型である。これは、日本
語では、考えをいくつか述べるにあたり、それらの相互のつながりや、
ある特定の考えの意味が、そのパラグラフ全体あるいは論文全体を読み
終えてやっと明確になるような書き方が許されているからである。

・英語文（E 型：English format）の論理：

　　本筋（主文章）がまずあって、脇道（修飾などの副文章）へそれる場
合は、その始点で副文章であることを明確にしながら進める上水道型で
ある。これは、英語ではそれぞれの文章は、すでに書かれているものだ
けに照らして完全に理解できなければならないからである。その上一つ
の考えと次の考えは、それを読んだときに完全に明確であり、つながっ
ていなくてはならない。

Leggett's Trees の例として、実験の記述の文章を下図に示す（小野義
正　2001；小野義正　2016）。

JE 型の場合は、文章を実験条件から初めて、なかなか主文（何をしたか）
が出てこない。さらに英文では、"one sentence, one meaning" に従って書

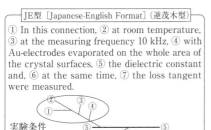
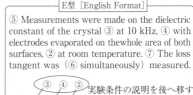

図 9-3 JE 型と E 型の論理

かれるべきであるのに、二つの概念 (dielectric constant と loss tangent) を 1 つの文に押し込んでいるので、英語のネイティブ・スピーカーには分かりにくい英文構造となっている。一方 E 型では、Measurements were made on the dielectric constant of the crystal. と何をしたかを最初に書いており、実験条件は後ろに移されている。また、別概念である loss tangent に関する文は別になっているので、英文の書き方に沿ったものであり分かりやすい。

Leggett's Trees による分かってもらえる英文の書き方をまとめると

① 英語の論文では、JE 型（逆茂木型）の構造の文章を書いてはいけない。

② 英語の論文では、くどいと思っても論理の鎖の環をはぶいてはいけない。

すなわち、日本語の文章だと、ここは読者がおぎなって読んでくれるだろうと飛ばしてしまいそうなところでも、英語ではくどいほど明確に考えの筋道を書く必要がある。

4. 日本的英文から英語らしい英文にする方法

ここでは、日本語流英文と英語流英文の違いを意識して、英語らしいセンテンスを書くにはどうしたらよいかを議論する（日向清人 2013）。

4.1　主語を組み替える

日本語の場合「XがYだ」というように、Xという話題を掲げてからYというコメントを付ける形式でものを言うのが一般的である。一方英語は無生物を含め、「XがYする」という形で必ず主語を設け、それを起点にものを言う言葉である。従って英文ライティングに際して原案を日本語で考えている場合、まずはその日本語の主語として何が良いかを考えて、それを英語にする。

　英語がヒト・モノ・コトの動作を語る言葉とすれば、日本語は動作の主体を抜いて状況を語り、あるいは描写することが多いので、例えば「山が遠くに見えた」を英語にするには、直訳して A mountain was seen in the distance. または A mountain came into view in the distance. としてしまう。「誰が見た」のかという見地から書き直し、I saw a mountain in the distance. すると action 重視の英語らしいセンテンスとなる。

　「何々がどうだ」という形式で語る日本語をそのまま英語で置き換える（直接翻訳する）と、「うちのチームは10人だ」を Our team is ten people. と間違った英文をつくりがちである。しかし英語は「何々がどうする」とするので、「わたしたちは10人から成るチームを持っている」という形に変換して We have ten people on the team. という言い方にした方がずっとよくなる。

4.2　主語を補充する

日本語では、例えば川端康成の『雪国』の冒頭で、「国境の長いトンネルを抜けると雪国であった」のように主語のないセンテンスが多く使われる。ところが英語は必ず主語を入れなくてはならないので、この例では、訳者（Seidensticker）は train を主語にして、The train came out of the long tunnel into the snow country. としている。

　英語ではこのように主語が重要なので、われわれが英語を書く場合も、主語を省かないように注意しなければならない。例えば、日本語では主語である自分（たち）を省いて「きのうは忙しかった」という言い方をするが、英語では「ある日が忙しい」という言い方はできないので、主語を補って Yesterday, we were busy. に直す必要がある。

4.3　日本語の構文に引きずられないようにする

　日本語では「話題の提示＋コメント」形式で語るのに対して、英語では「主語＋述語」形式であることから、日本人の英作文には以下のような典型的誤りが多い。

　① 「〜は…だ」:「たいていの日本人は黒髪だ」

　× Most Japanese are black hair.

　　→ Most Japanese people have black hair.

　② コメントの抜き出し配置:「会議だけど、毎週金曜日にある」

　× The staff meeting, it's every Friday.

　　→ We have a staff meeting every Friday.

　③ 「〜がある」:「4回面接がある」

　× There's four times（interview）.

　　→ We'll have four interviews.

　④ 「並列」:次の面接は金曜日です。

　× Next interview, Friday.

　　→ I'll have the next interview on Friday.

4.4　日本語の助詞に引きずられないようにする

　日本語では「何々について」話し合うと言うので、つい discuss about something と about を入れがちである。しかし discuss は他動詞なので前置詞を取らないから、discuss something とする。同様に、「誰々（と）結婚する」と言うので、英語にする時に to をつけてしまい I married to somebody という書き方をしてしまう。しかし marry は他動詞なので、to は不要である。英語では、自動詞か他動詞かによって前置詞の要否が決まるので辞書で確認することが必要である。

4.5　日本語が感じられる英文にしない

　日本人英語学習者は日本語を母語としているので、人によって差はあるものの、日本語の発想、表現のパターンで英語を書きがちである。

　たとえば、「ここはどこ？」にあたる英語は、うっかりすると "Where is this?" と書いてしまいそうだが、英語では "Where am I?" となる。

　これらの英語表現には、英語の human-centered（人間中心主義）的な要素が現れていて、「自分」というものが視点の中心になっている。それに対して日本語表現のほうは、「自分」つまり人間中心の視点というものはなく、自分の所在を含めた場所全体に視点が置かれている。

　別の例としては、日本語では「私はイギリスに留学したいと思っています」などのように、「思う」という動詞表現が多用されるせいで、これを英語にして I think I want to study in Britain. などと表現してしまいがちである。英語の want という動詞自体が「～したいと思う」という意味があるので、think と want を組み合わせるのは英語として不自然である。

5.　英語論文で避けるべき用法

　日本人研究者・技術者が英語論文を書くときに、使いがちな避けるべき用法には以下のものがある。

5.1　口語的表現は避ける

　日本語でも英語でも、口語と文語がある。いわゆる「話し言葉」と「書き言葉」である。日本語の論文でも英語論文でも、基本的に論文では口語的な表現は避けるべきである。

　英語論文ライティングでは次のような会話体を使わない。

Anyway, ...「（文頭で）とにかく、」

By the way, ...「（文頭で）ところで」

Well, ...「（文頭で）ええと、」

Let's ....「（文頭で）～しましょう」

got to ⇒（ライティングのときは、have to に）

wanna ⇒（ライティングのときは、want to に）

gonna ⇒（ライティングのときは、going to に）

very の意味で pretty や so は使わない

pretty hard → very hard, so difficult → very difficult

代名詞の you は使わない

You can see the result in Fig. 1. → The result is presented in Fig. 1.

曖昧な言葉は使わない

something like, kind of, more or less

文章表現にふさわしい強調語を使用する

for sure → surely

a lot → very much あるいは great deal

5.2 受動態はできるだけ避ける

① 日本語では主語を省略できるが、英語では基本的に主語が必要である

　英語の場合は「無生物主語」を用いることができるので、これをよく考慮してできるだけ受動態を避けるように書く。これは受動態は「誰による（あるいは何による）ものであるのか」が分かりにくくなり、文章が曖昧になるからである。したがって、論文を書いたあとの見直しの段階で受動態の文を見つけたら、果たしてこれでいいのかと辞書を引いたり、ネットなどを使ったりして確かめ、積極的に能動態に書き直した方が英語らしくなる。

　能動態で書くには、次の3つの方法がある。

(i) 無生物主語を用いる

　　×〜 is shown in Fig. 1 → Figure 1 shows 〜 .

　　× I studied the accidents and found that … .

　　　→ The study of the accidents showed that … .

詳細については、2.4 を参照のこと。

(ii)「著者」を主語とする

　客観的であるべき論文では、自分（著者）が主語になることを避ける傾向が昔の論文にはあったが、最近の論文ではむしろ主語が明示される方がよいとされるようになってきている。それによって曖昧さが軽減されるからあろう。

　　The authors consider that 〜

のように書くのがよい。しばしば It is considered that 〜というのを見かける
が、このような表現は使うべきではない。またより一般には、下記の we を主
語として用いるほうがよりよい。

（iii）we を主語として用いる

上記の the authors を主語として用いるのと同じであるが、もっと一般的
にしばしば主語として we が用いられる。It is found that 〜. ではなく We
found that 〜. のように書くべきである。著者が単名であっても I ではなく
we を用いるのが習慣である（主語を明確にするが、I を用いると「私」が強
調されすぎて、ややエゴイスティックに見えるからであろう）。

Abstract（抄録）ではかつては we を用いない傾向にあったが、最近の論
文では we を用いてかまわないようになってきている。

能動態を積極的に使うことにより、"There is … ." とか "It is … that … ."
のような陳腐で退屈な表現も、生き生きとさせることができる。

　　× There were a great number of dead leaves lying on the ground.

　　　→ Dead leaves covered the ground.

なお、日本人の論文で特に受動態が多用される原因の一つはわれわれが物主
構文に慣れていないためである。例を下記するが、物主構文の使い方について
は 2.4 を参照されたい。

　　×The light pulses could be led to a photomultiplier installed outside
　　　by using the light waveguide.

　　　→Use of the light waveguide permitted the light pulses to enter a
　　　photomultiplier installed outside.

② 受動態が必要な場合

科学・技術英語では、動作主を「もの」とした能動態で書けない場合、動作
主を「人」とした能動態よりも、主語を「もの」とした受動態が必要な場合が
ある。

（i）動作主よりも動作を受けるものに関心があり、動作主を示す必要がない
　　場合

A small sample of a liquid was placed in a dish.

(ii) 動作主が不明または表現困難な場合

The plate is made of iron.

(iii) 動作主が漠然とした一般の人の場合

The blue LED is used widely.

(iv) 動作を受ける1つのものに関する文が複数連続し、動作主よりも動作を受けるものを語にするほうが、全体としてわかりやすい場合

Melting is one of the most familiar phase changes. It is associated, generally, with ...

　2番目の文を受動態にしないと、論理が滑らかに続かない。2番目の文章の主語は、はじめの文章の melting を受けて it でなければならない。そうすれば話の筋が抵抗なく読者に伝わる（情報構造の観点から、旧情報である melting を it として主語にするのがよい）。

(v) 動作主をあえて隠したい場合

Incorrect data was（were）input into the database.

5.3　あいまいな文は避ける

① 名目としての it で文章を始めない

主語の it（代名詞）が、前の文章にある単数の「もの」を意味しないで、その文の後の部分を示している場合には書き直す。

(i) はっきりしない表現

　×It is clear that ....（なぜ？）→ Clearly, ...

　×It was clarified that ....（どのようにして？）→ We clarified that ....

　×It was found that ....（どのようにして？）→ We found that ....

　　これらの文は、はっきりしないだけ でなく冗長な文となっている。

(ii) 無責任な表現

　×It is/was said that ....（誰が言ったのか？）

　×It was thought that ....（誰が考えたのか？）

　×It seems ....（誰に？）

このようなはっきりしない表現はやめて、研究者の名前を出した文にすると

よい。

　　× It was found by Ono and Taylor that … .

　　→ Ono and Taylor reported that … .

　　→ We reported earlier that … .

または、研究結果そのものを主語として、

　　→ Our earlier report indicated that … .

の様に書くとよい。

② It is … that … の構文は用いない

これも先に述べたできるだけ受動態を用いないということと同じで、このような構文では主語が不明になり、曖昧な文章となる。

　　× It is considered that … . → We consider that … .

　　× It was found that … . → We found that … .

　　× It is inferred that … . → Consequently, we infer that … .

　　× It is evident that … . → Evidently, … .

　　× It would appear that … . → Apparently … .

　　× It will be seen that … . このような表現は用いない

　　× It should be noted that … . このような表現は用いない

③ may や may be の乱用を避ける

日本人の英語論文には、may, may be の乱用により、意味が曖昧になっているものが多い。これらを使うと、「自分の実験結果を正しいと主張したいのか、したくないのか？」と疑問視される。 なお "may be" は「であろう」ではないことに注意すること。

　註：日本語の「～であろう」は英語に翻訳不可能である。

　　It may be considered that … .

これは日本人は…の内容をぶしつけに言うのをはばかってこのように書いたのだが、これを英語のネイティブ・スピーカーは「…の部分に自信が持てないのでこのように書いた」と解釈（誤解）してしまう。

④ could, would, might などは用いない

これらの語を用いると、文章が曖昧になる。could, would, might は仮定法

で用いられることが多く、また助動詞 can, will, may の過去形としても用いられるのでわかりにくいし、英語を母国語としない日本人には正確に用いることは難しく、しばしば意図したことと異なる意味になる。

たとえば、「ある降雨帯が観測できた」を英語で表すとき、A rainband could be observed. や We could observe a rainband. と could を使うことは間違いで、We were able to observe a rainband. または We observed a rainband. とするのが正しい。

⑤　一つの文章に修飾語・句・節を多用しない

一つの文章が長くなりすぎないようにする。日本人の書く英文に、which や that に導かれる修飾節の中に、2つ以上の文章が入っている（例えば関係代名詞節の中に関係代名詞節が入っている）のを見かけるが、このような多重のあるいは多連結の修飾節は用いないこと。修飾節あるいは句をたくさんつけて説明したいときは、文章を2つ以上に分けて被修飾の関係がはっきりするように書くことで、分かりやすい文章となる。基本的には修飾語・句・節はできるだけ被修飾語の近い所に置くこと。

⑥　第一文と第二文の連続性を確保する

(i)　第一文中のキーワードを指す言葉を第二文で使う

「わずか3ヶ月前に採用された人が整理解雇された。彼は大きな失望感をおぼえた」

　A man hired only three months ago was laid off. He was very disappointed.

第二文の he は、先行する部分の a man を指している。

「今回のバージョンは気に入らない。元の方がいい」

　I don't like this version. I like the original more.

第一文にある this version との対比で like the original more ということを言っている。

(ii)　あとに続く話を先取りする

　A division-by-division breakdown is as follows: Division A, 100; Division B, 200; Division C, 300.

予め、"as follows:" で次に出て来るセンテンスの内容を知らせる格好になる。

（iii）接続詞で先行部分との関係を明らかにする

接続詞はただ情報を追加する以外に、対照的なことを言うなど、いくつかの基本パターンがある。ところが、日本人学習者の多くはこれをすべて and や so で済ます傾向があるので、元々用意されている「専用」の接続詞で言い換えることにより、より英語らしくなる。

and 以外でつながった英語を書くことが重要である。このため、一度 and でつながっている文を見直し、第2文が第1文との関係でどういうことを言っているのか、足しているのか、対比しているのかと内容を考えて、改めてより適切な「つなぎ言葉（接続詞、接続副詞）」を入れる。こうすると、ライティングの形が良くなる。

・情報を足している場合

「男の子を見た＋その子は足をひきずっていた」

I saw a boy and he was limping. → I saw a boy who was limping.

・対照的な様子を表している場合

「女の子は雨でぬれていた＋男の子はぬれていなかった」

She was wet by the rain, and the boy was not wet.

　→ She was wet by the rain. In contrast, the boy was not wet.

・因果関係を表している場合

「傘がおちょこになった＋自分がずぶぬれになった」

My umbrella got turned inside out and I got soaked to the skin.

　→ My umbrella got turned inside out. As a result, I got soaked to the skin.

・時間的な関係を表している場合

「朝食を済ませた＋スーパーに行った」

We had breakfast and we went to the supermarket.

　→ We had breakfast. Then we went to the supermarket.

then は接続副詞で単独では二つのセンテンスをつなぐ力がないので、We

had breakfast then we went … .

とすることはできない。つなげた文にするためには and の力を借りて、

　　We had breakfast, and then we went… .

とする。

6. 論文用英文の組み立て

分かりやすい英語論文を書くときには、以下に注意することが重要である。

① 話の中心となるものを主語とする

② 文の中に節が2つある場合、話の中心となるほうを主節にして、それ以外を従属節にする

③ できるだけ受動態より能動態を使う

ただし、上のルールに照らして主語を選ぶと、能動態か受動態かはある程度自動的に決まってしまう。また科学・技術論文では人よりモノが主体になることが多いので、受動態が使われることが多いが、モノを主語にした（物主構文）でSVOの形にしてできるだけ能動態で書くのがよい。物主構文については 2.4 を参照のこと。

④ 冗長な言い回しを避ける

×<u>As for our marketing of these products</u>, please keep in mind that we are marketing them only in Japan now.

アンダーラインを引いた部分は、冗長ゆえ省く。

→ Please keep in mind that we are marketing these products only in Japan.

⑤ 類語や同義語の反復を避ける

×This case can be applied to Case X.

case が重なっているので、最初の case を除く。

→ This is applicable to Case X. または This can be applied to Case X.

⑥ 箇条書きにできるところは箇条書きにする

×We have chosen the approach proposed by Team A <u>because it</u>

seems to be the least expensive, there are not many suppliers with whom we need to deal, and the technology employed is mature. Also, our staff already has some favorable experience with Company X, the main subcontractor.

アンダーラインを付けた部分は理由を示しているが、文が長すぎることと、パラレルになっていないことで、読みにくい。理由を1つずつ箇条書きにして書き直す。

→ We have chosen the approach proposed by Team A for the following reasons:
(i) It is the least expensive.
(ii) It does not involve dealing with too many suppliers.
(iii) The technology employed is mature.
(iv) We have some favorable experience with Company X, which will be the main subcontractor.

⑦　修飾する語と修飾される語をあまり離さない

× We checked the voltage at the output of the modem card that is mounted on the motherboard using a voltmeter.

using a voltmeter は we checked にかかるはずだが、離れすぎているので文頭に持ってくる。

→ Using a voltmeter, we checked the voltage at the output of the modem card [that is] mounted on the motherboard. [that is] は省略可能。

⑧　比較・対照の句や節は、比較・対照の主体が明確であるような位置に置く

× The result disproves that the performance depends on the temperature as we expected.

これでは、that 節の中味を期待していたのか、disproves の方を期待していたのか、明確でない。

→ As we expected, the result disproves that the performance

depends on the temperature.

こう書き直すと、期待していたのが disproves の方だったことが明確になる。

⑨ 同類項は、形式も同じにする ― 表現レベルでの並列性（parallelism）をとる

物事を列挙する場合には、文法的形態（品詞等）や言葉の性質を揃える。

×He was elected president because of his well-acknowledged achievements and since his competitors lacked his charisma.

理由を表すのに、1つは because of ～と前置詞句を用い、もう1つは since ～と節を用いている。これを両方とも because ～を用いた節として並列に書く。

→ He was elected president because his achievements were well acknowledged and also because his competitors lacked his charisma.

7. 英語表現のルール

ここで、論文用英語表現のルールをまとめておく。

7.1 言葉の選択

① 抽象的表現よりは具体的表現を使う

×The yield improved significantly at high temperature.

→ The yield improved to more than 60% at temperatures between 80℃ and 120℃.

② 間接的表現よりは直接的表現を使う

×We have modified the microprogram so that it achieves a performance improvement for the targeted application.

→ We have modified the microprogram to improve performance for the targeted application.

③　否定的表現よりは肯定的表現を使う

×In principle we will not sell our products to more than one distributor in any country.

　→ It is our policy to have an exclusive distributor in one country.

④　おおげさな単語や表現は避けて、容易に理解できる言葉を使う

×I'm afraid we are stepping into a thus far untrodden horizon.

　→ I'm afraid we are getting into an area we are not familiar with.

⑤　be 動詞よりもアクティブ動詞を使い、活き活きと表現する

　英語では、多様な動詞を使って表現するほうが文章に説得力を持たせることができる。be 動詞は「状態」を表す静的な動詞であり、文章の持つ活き活きした感じを奪ってしまうので、動きのある別の動詞が使える場合は、be 動詞の使用を避ける。

「本物質は、熱の伝導体である」

×This material is a conductor of heat. → This material conducts heat.

「表9-1 は、コマンドのリストである」

×Table 1 is a list of commands. → Table 1 lists commands.

7.2　強い動きのある動詞を使う

①　日本語では「名詞が主役」であり、「何々を行う」「何々を実施する」「何々を実行する」など、意味が主に名詞にかかっている文章が多い。一方、英語では「動詞が主役」であり、意味が主に動詞に係り、名詞がその「行為者」や「対象」を表す役割の文章が多い。したがって、英文では「動詞」をメインにし、日本語からの直訳をして動詞を「名詞化」した make, do, conduct などを用いた文章は避ける。これらの動詞は、動作を具体的に表すことができない弱い動詞と呼ばれ、本来使うべき動詞を隠してしまう。また、弱い動詞はイディオムを構成することがあるので、強い動詞を使うことでイディオムの使用を避けられる。

×The manager made a revision to the budget.

　→ The manager revised the budget.

×Determination of the carbon content was made.

　→ The carbon content was determined.

×The team conducted research relating to the phenomena.

　→ The team researched the phenomena.

② 「計算する」「分析する」のような「名詞＋する」という形の動詞が
日本語の科学・技術論文では普通に使われるが、それを英語に直訳した
ような carry out calculation, perform analysis といった表現は避け、
calculate, analyze といった本来の動詞を使うべきである。

×Calculations were carried out on the spontaneous magnetization as a
function of temperature.

　→The spontaneous magnetization was calculated as a function of
　temperature.

　→We calculated the spontaneous magnetization as a function of
　temperature.

×Under reduced pressure, polymerization of the material was carried
out at 60℃.

　→ Under reduced pressure, the material polymerized at 60℃.

× Perform an audit on the operations division.

　→Audit the operations division.

7.3　名詞よりも動詞を使ってシンプルに表現する

① 英語では名詞を多用すると、簡潔さに欠ける傾向があり冗長になってし
まう。日本人は次のような表現をよく用いるが、名詞を動詞に換えると
簡潔になる。

×Taking 〜 into consideration, …（考慮して）→ Considering 〜

×give due consideration to 〜（熟考する）→ consider 〜

　この様に動詞ひとつで簡潔に表現できるのだから、わざわざ consideration
（考慮、熟考）という名詞を使って長たらしい文にする必要はない。余計な
単語を使わないで、なるべくシンプルに表現することが英語の定石である。

②　抽象名詞（特に -ion で終わるもの）を切り捨て、アクションのある動詞で表す。

　日本人は英語を書くとき、動詞よりも名詞を好んで用いる傾向がある。しかし、名詞を使用しすぎると、冗漫でだらだらした書き方になるので避けることが望ましい。

× The flow of water through the pipe resulted in the deposition of scale on the pipe walls.

　→ Water flowing through the pipe deposited scale on the walls.

× The calculation of the coefficient of heat transfer was based on an empirical equation derived from the results of several experiments.

　→ We calculated the heat transfer coefficient using an empirical equation derived from the results of many experiments.

× The relationship between x and y is linear.

　→ The two quantities, x and y, are linearly related.

（いきなり x and y を文頭にもってくることを避けて、the two quantities を挿入した）

7.4　単純な文の羅列を避ける（大井恭子　2002）

①　センテンス・コンバイニング

　自分が書きたい内容を、メモとして箇条書きのように書き出す。その細切れの情報をより複雑な構造にまとめ上げていくことを、センテンス・コンバイニング（sentence combining）という。

　このためには、いろいろな構文を考えて結びつきを試して、簡潔な文を作ることが必要となる。

　My friend works in a computer company. My friend is an American.

　The company makes computers. The company is in Japan.

をまとめると

　→ My American friend works in a computer company in Japan.

　→ I have an American friend who works in a computer company in

Japan.

となる。

② and を多用した文章は避ける

×We arrived at the camping spot at three o'clock. And we gathered firewood. Then we put up our tent. And we built a fire and cooked dinner. We had steak and baked potatoes.

いくら短いセンテンスが簡潔で、力強く効果的であるからと言っても、この例のように短い単文（simple sentences）ばかりに and を多用して文章を書くと、こま切れで単調で、読む人に幼稚な印象を与える。

そこで一つにまとまった思想はできるだけ一つのセンテンスにまとめるようにするのを基本とする。すなわち上例の場合では Arrival, Camp, Dinner という3つの主題に分けられるので、それぞれを一つにまとめて3つのセンテンスで書く。

さらに文章が単調になるのを避けるために、

単文（simple sentence）

重文（compound sentence）

複文（complex sentence）

混合文（mixed sentence or compound-complex sentence）

の4種の構文を色々混ぜて使い、また長文と短文を混ぜて文章を書くように心がけることが必要である。

→ We arrived at the camping spot at three o'clock. We immediately put our tent and gathered firewood. Then, as soon as we got our fire built, we cooked our dinner of steak and baked potatoes.

③ 複数の単純な文を、まとまった複雑な文章にする

複数の文を、細切れ（choppy）ではなく、洗練された（sophisticated）文章にまとめる。

つぎの細切れの次の文を統合してまとまった文章にしてみよう。

Aluminum is a metal. It is abundant. It has many uses.

It comes from bauxite. Bauxite is an ore. Bauxite looks like clay.

(i) 米国の小学生レベルの作文例

Aluminum is a metal and it is abundant. It has many uses and it comes from bauxite. Bauxite is an ore and looks like clay.

この文章では、and が多用されており、すべての内容がただ並列的に並べられているので、単調感がぬぐえない。

(ii) 米国の中学生レベルの作文例

Aluminum is an abundant metal, has many uses, and comes from bauxite. Bauxite is an ore that looks like clay.

最初の4つの短文が、構造を変えて結合されている。形容詞 abundant が、限定的に metal にかかり、同一の主語が省略されて1つの文にまとめられている。さらに関係代名詞 that で最後の2つの文が結ばれているので、少しまとまりが出ている。

(iii) プロフェッショナル・ライターの作文例

Aluminum, an abundant metal with many uses, comes from bauxite, a clay-like ore.

さすがにプロの手になると、見事にすべての内容が一文にまとめられている。"with many uses" という句の使用、"clay-like" と形容詞への変換などがうまく使われている。さらに、"Aluminum, an abundant metal" や "bauxite, a clay-like ore" など、同格をうまく使っている。

以上示したように、英文はただ単純なだけの文の羅列を嫌うので、成熟した文章を書くには、文や句の組立ての工夫が必要である。

8.　日本人研究者向け英語論文のまとめ方

8.1　「英語活用メモ」を作り、英借文する

英語と日本語は性格の異なる言語であるから、思考の構造も違う。だから、日本人が自分の「思った通りに」英語でものを書こうとすると、わけの分からぬことを書き出してしまう。結果として同じことを言いたい場合でも、日本語を介して出てくる発想と英語を介して出てくる発想は非常に異なっている。こ

のため、日本語では意味のあるものの言い方も、英語になおすと全く違った印象を与えかねない。

　例えば、「著者がある結論をためらいがちに、少しあいまいに述べた」場合を考えよう。

　日本人読者の反応：著者がぶしつけに過ぎたり、断定的に過ぎたりするのを望まないからあいまいに述べたのだと了解する。

　英語圏読者の反応：著者がその結論を本当には確信していないと単純に思うと全く判断が異なってしまい、元々日本語で意図したことが伝わらない。

　これは日本語は断定的表現をきらうことから、「私はこう思います」と断定しないで、「私はこう思うのですが…」と言って相手の顔色をうかがうことからくる。しかし英語では、「…ですが」の「が」に相当する単語がないので、何かを全部言ってしまった後で、その発言（statement）に対する自身のcommitment の度合いをぼかすことはむずかしい。すなわち、英語は日本語に比べると、「物事を言い切ってしまう」ことを要求する言葉である。

　したがって、英語論文を書く際には、骨組みは日本語（メモ程度）、本文は直接英文で書くようにするとよい。こうするためには、「英語活用メモ」をつくり、英借文をするのがよい。

　このためには、自分が書こうとしている論文の研究内容に関連した英語のネイティブ・スピーカーが「良い英語」で書いた論文を数編選び、英語論文執筆の参考書（教科書）とする。この時注意することは

　　・英語論文の形式や英文そのものに注意して読む

　　・役に立ちそうな文や単語の使用法を句の単位でメモする

ことにより「英語活用メモ」を作成する。

　英語論文執筆時には、「英語活用メモ」や参考文献の中に、自分の研究の説明にぴったりとあった文や句があれば、そこから書き始める。それにうまく文章をつなげるように前後の文を追加する。そのときには以下に注意すること。

　　・自分でマスターした単語のみを使用する

　　・やむをえないところだけ辞書（和英辞典のみならず、英和辞典、英英辞典まで）を用いる、ただし、必ず文や句の形で与えられた使用例を借用す

る

8.2　論文本文を直接英語で書けない場合には 2 Steps で書く（潮田資勝 1999）

①　First Step：論理のつながりの完全な日本語のアウトラインを箇条書き
　で書く

・論文で述べる事実とそこから導かれる論理的帰結をすべて箇条書きにする

・常に英語の構文を意識して、必ず主語・動詞・目的語を入れたセンテンス
　を書く

このときには、次のことに注意すること。

・一つの箇条の中には一つの事実あるいは帰結のみ（one sentence, one
　meaning）

・各箇条の中では接続詞は一切用いない（論理関係が曖昧になるのを防ぐた
　め）

・各箇条は論文中で書く予定の順序でならべる

・各箇条の間の関係を十分議論しながら順序を決定する

初めに日本語で短い文章で論理的に書くことの利点には次のものがある。

・書くことにより知識が整理され、不足しているデータや考え方が明確に
　なってくる

・人に分かってもらうためには、一つの論文には一つのアイディア（テー
　マ）だけを決め、たくさんのことを持ち出さないで、すべてをそのテー
　マに集中した書き方をする

・どんなデータ（またはアイディア）をこの論文で売り込みたいかをよく考
　えて、データを選択し、それをどのように並べるかを決める

②　Second Step：日本語から英語へ翻訳する

・箇条書きにしてあった日本語を英語に書き直す

・英語として論理的で適切な接続詞や接続副詞を用いて文をつなぐ

　英語に翻訳するときの key word は「論理的」である。以下の例を見てみ
よう。

「彼は帽子をかぶって家から出てきた」

を英訳するときには、「だれの家から？」「だれの帽子？」といった疑問が出てくる。これらをはっきりさせてから初めて

　　He came out of his house with his hat on his head.

と正しい英語が書ける。このように、英語では「物事をくどいほどはっきりと特定する」ことが必要である。

9. 英文をよくするためのアドバイス

　以上述べてきたことをまとめて、「英文をよくするためのアドバイス」とする。

- ・科学・技術英語を書くことは技量（skill）である。練習すればするほど上手になるので、とにかく試行錯誤で書き続ける
- ・よい英語（文体、語彙、論理的組立てなど）に対する言語感覚を身につけるため、可能な限り多くの英語に接する（特に英語のネイティブ・スピーカー執筆の良い英語論文の読みを通して）
- ・日本語を書いてからそれを英語に翻訳するのはやめて、最初から英語で書くことを目指す（最初からは無理だが、練習すればできるようになる）
- ・日本文から英文にするときは、主語を無生物にできないか考える。すなわち、日本語の中に原因を表す副詞節や副詞句があったら、その中にある名詞を英文の主語にできないか考える
- ・文のかなめ（core）になる動詞を中心にして文を組み立てる
- ・長い文は避ける（短い文を書く過程で思考回路が明らかになる）
- ・具体的内容がない文を書かないようにする。冗長な表現を使っていないか確認する（日本語をそのまま英語にしようとすると、長い表現が多くなる）

10.　お わ り に

　以上述べてきたように、日本人特有の英語の書き方（日本語からの直接翻訳）をやめて、英語の発想で英文を書くようにすることが、英語論文が受理され、英語ネイティブ・スピーカーに分かってもらえるには必要である。査読者からの厳しいコメントの中には、論文の内容・表現のどちらに関するものか明瞭でない場合があるし、査読者が原稿の意図を誤解することもある。ただ、この場合の誤解の原因は、原稿の英語の書き方が適切でないことが多い。著者は、できるだけ多くの読者に分かってもらえるようにするためには、本稿で述べた日本語と英語の違いに注意して英文を書きなおすことが必要となる。

引用文献

American Institute of Physics（1990）*AIP Style Manual（Fourth Edition）*, 3-4.

遠田和子、岩淵デボラ（2007）『英語「なるほど！」ライティング』講談社インターナショナル.

日向清人（2013）「英語らしいセンテンスを書く：14 のカンドコロ」『即戦力がつく英文ライティング』DHC、第 2 章.

Howell, F. Scott、野田春彦（1987）「日本人の英文の悪いところ：なぜ日本人の文章はあいまいなのか」『科学者のための英語教室 — いい英文の書き方 —』東京化学同人、137-143.

上村妙子、大井恭子（2004）『英語論文・レポートの書き方』研究社.

Kaplan, R. B.（1966）Cultural thought patterns in inter-cultural education. *Language Learning*, 16, 1-20.

片山晶子（2017）『理系学生が一番最初に読むべき！ 英語科学論文書き方』中山書店 .

加藤恭子、ヴァネッサ・ハーディ（1992）『英語小論文の書き方　英語のロジック・日本語のロジック』講談社.

加藤恭子（1997）「「書くこと」と論理」『英語を学ぶなら、こんなふうに』日本放送出版協会、171-198.

木下是雄（1981）「文の構造と文章の流れ」『理科系の作文技術』中央公論社、75-88.

木下是雄（1994）「起承転結について」『レポートの組み立て方』ちくま書房、117-121.

Leggett, A. J.（1966）Notes on the writing of scientific English for Japanese physicists、日本物理学会誌 21、790-805.

Leggett, A. J. 平野進（訳）（1999）「科学英語執筆についての覚書」日本物理学会（編）、『科学英語論文のすべて 第2版』丸善、149-183.

Leggett, A. J.（2013）Notes on the writing of scientific English for Japanese physicists, reprinted in IAS Newsletter（Institute of Advanced Study, Nanyang Technological University, 2013）, 31-48.

大井恭子（2002）『英語モードでライティング ネイティブ式発想で英語を書く』講談社インターナショナル.

小野義正（2001）『ポイントで学ぶ科学英語論文の書き方』丸善.

小野義正（2004）「論文の査読報告書（reviewer report）」『ポイントで学ぶ国際会議のための英語　英文手紙、論文投稿、訪問、Eメール、電話』丸善、53-54.

Ono, Y. A.（2006）Simple tips for technical writing in English, Asahi Weekly（Sunday, October 22, 2006）Asahi Shimbun, 7.

小野義正（2016）『ポイントで学ぶ科学英語論文の書き方（改訂版）』丸善.

Ono, Y. A.（2017）. A method for training Japanese industry engineers to write technical papers in English, JALT Business Communication SEG, 4, 10-12.

プレゲンズ、ジャン（1997）「英語らしい論文の書き方教えます：英語の論理」『ジャンさんの「英語の頭」を作る本−センスのいい科学論文のために』インターメディカル、55-77.

鳥飼玖美子（2004）「論理思考の壁」『歴史を変えた誤訳』新潮社（新潮文庫）、236-259.

潮田資勝（1999）「英語論文を書く：実際に英語論文を書くプロセス」日本物理学会（編）、『科学英語論文のすべて 第2版』 丸善、73-83.

執筆者紹介 (分担章)

編著者

石川　有香　　　　　　(第1章、第2章、第3章)

　名古屋工業大学教授。博士（文学）(広島女学院大学)。専門は応用言語学。主要業績として
『英語教育と文化』（共編著、大修館書店、2010)、『言語研究と量的アプローチ』（共編著、
金星堂、2016）他。

著者

石川　慎一郎　　　　　(第5章)

　神戸大学教授。博士（文学）(岡山大学)。専門は応用言語学。主要業績として『ベーシッ
クコーパス言語学』（ひつじ書房、2012/2021)、『ベーシック応用言語学』（ひつじ書房、
2017）他。

小野　義正　　　　　　(第9章)

　理化学研究所創発物性科学研究センター所属。理学博士（東京大学)。専門は科学・技術英
語、物性物理。主要業績として『ポイントで学ぶ科学英語論文の書き方（改訂版)』（丸善、
2016)、『ポイントで学ぶ英語口頭発表の心得』（丸善、2003）他。

竹井　智子　　　　　　(第7章)

　京都工芸繊維大学准教授。博士（人間・環境学）(京都大学)。専門はアメリカ文学。主要業
績として『精読という迷宮 ― アメリカ文学のメタリーディング』（共編著、松籟社、2019)、
『テクストと戯れる ― アメリカ文学をどう読むか』（共編著、松籟社、2021）他。

野口　ジュディー　　　(第4章)

　神戸学院大学名誉教授。Ph.D. (University of Birmingham, U.K.)。専門は専門英語教育。
主要業績として『Towards a New Paradigm for English Language Teaching: English
for Specific Purposes in Asia and Beyond』（共編著、Routledge、2020)、『理系英語の
ライティング Ver. 2』（共編著、アルク、2020）他。

松田　真希子　　　　　　（第6章）

　金沢大学教授。博士（学術）（一橋大学）。専門は応用言語学。主要業績として『ベトナム語母語話者のための日本語教育』（春風社、2016）、『複言語・複文化時代の日本語教育』（共編著、凡人社、2016）他。

福永　淳　　　　　　　（第8章）

　九州工業大学准教授。Ph.D.（University of Washington, Seattle）専門は応用言語学、英語教育政策。

ジャンルとしての工学英語
― 理論と実践 ―

2021 年 7 月 7 日　初版第 1 刷発行

■編 著 者―――石川有香
■発 行 者―――佐藤　守
■発 行 所―――株式会社 大学教育出版
　　　　　　　〒 700-0953　岡山市南区西市 855-4
　　　　　　　電話（086）244-1268　FAX（086）246-0294
■印刷製本―――モリモト印刷 ㈱

ISBN978－4－86692－141－9